하루 10분

나를 돌보는

셀프코칭

하루 10분
나를 돌보는 셀프코칭

초 판 1쇄 2022년 02월 17일

지은이 안영은
펴낸이 류종렬

펴낸곳 미다스북스
총괄실장 명상완
책임편집 이다경
책임진행 김가영, 신은서, 임종익, 박유진

등록 2001년 3월 21일 제2001-000040호
주소 서울시 마포구 양화로 133 서교타워 711호
전화 02) 322-7802~3
팩스 02) 6007-1845
블로그 http://blog.naver.com/midasbooks
전자주소 midasbooks@hanmail.net
페이스북 https://www.facebook.com/midasbooks425

© 안영은, 미다스북스 2022, *Printed in Korea*.

ISBN 978-89-6637-343-7 03190

값 15,000원

하루 10분
나를 돌보는
셀프 코칭

안영은 지음

미다스북스

나는 나와 잘 지내는
법을 알아내야 했어요

4년 전 갑자기 제주로 이사를 오게 되었어요. 푸른 바다 아름다운 자연이 있는 제주도에 산다고 하면 사람들은 부러운 눈으로 말해요.

"제주도에 살면 진짜 행복하겠어요!"

육지에 살 때 나도 그런 생각을 하곤 했어요. 그러나 진짜 행복은 사는 곳을 바꾼다고 찾을 수 있는 것이 아니라는 것을 이사 후 얼마 지나지 않아 깨달을 수 있었어요. 사실 제주가 아니라 몰디브 파라다이스에 산데도 불행한 사람은 얼마든지 있죠. 진짜 행복은 지금 마음먹는 순간 가질 수 있어요.

여섯 살인 어린 아들을 보면 자신을 얼마나 사랑하는지 알 수 있어요. 자신 있게 유치원반 친구들이 제일 좋아하는 건 바로 자기라며 엄지손가락으로 본인을 가리켜요. 엄마 아빠가 세상에서 가장 사랑하는 건 "바로 나야!"라고 자신 있게 말해요. 그런 아들을 보며 어린 시절 나를 떠올려요. 나는 반 친구들이 제일 좋아하는 건 바로 나라고, 엄마 아빠가 세상에서 제일 사랑하는 건 언니가 아니라 나일 거라고 생각하지 못했죠. 성인이 되어서도 한참 나를 사랑하지 못하는 불행한 시간을 보냈어요.

결혼을 하고 4년 만에 집을 살 수 있었어요. 남편과 세 살이 된 딸 그리고 나, 우리 셋은 새로 이사한 공간에서 뒹굴며 두런두런 이야기를 나누고 있었죠. 그런데 갑자기,

"오빠! 나는 당신도 우리 딸도 좋은데 내가 싫어."

라는 말을 무심결에 하고 말았어요. 왜 그 말을 했는지는 알 수 없었지만 무엇을 해야 할지는 확실해지더군요. 나는 나와 잘 지내는 법을 알아내야 했어요.

내가 나와 친하지 못한 이유는 너무도 많아요. 나를 무시하고, 속이고 도전하지 않을 때. 나를 인정하지 않고 남과 비교하기에 바쁠 때. 나는 병들고 인생은 힘들기만 하죠.

나와 잘 지내기로 선택한 순간 지나간 시간은 의미가 없음을 알 수 있

을 거예요. 나를 불행하게 하는 생각을 내려놓고, 불평을 그만두고, 두렵지만 열정을 던질 만한 일을 찾을 수 있을 거예요. 해본 적 없는 새로운 일을 하면서 아주 작은 실천을 해보면서 변화를 경험할 수 있을 거예요.

세 살이던 딸이 열세 살이 되는 올해 저는 이 책을 세상 밖으로 펴낼 수 있을 만큼 성장했다는 것에 감사해요. 지금에 오기까지 오랜 시간이 걸린 것 같지만 변화의 시작은 하루 10분, 정말 아주 잠깐의 선택으로 가능했어요. 누구나 실천할 수 있는 어렵지 않은 방법으로 시작할 수 있었죠. 이 책은 그런 간단한 그러나 의미 있는 '셀프코칭법'을 다뤄요. 하나씩 따라 하면서 나를 잘 돌볼 수 있는 방법을 알게 될 거예요.

가장 중요한 것은 다른 무엇도 아닌 바로 당신이에요. 저는 당신이 변할 수 있다고 믿어요. 이전의 당신이 알던 사람이 아닌 다른 사람이 될 수 있다고 생각해요. 당신은 고정되어 있지 않아요. 흘러가고 있는 중이죠. 어느 곳으로 흘러갈지는 내가 결정할 수 있다는 걸 믿으세요. 지금 즉시 당신은 바뀔 수 있어요.

당신도 할 수 있어요. 어떤 곳에 살든, 어떤 상황에 처해 있든 나 스스로를 잘 돌보는 법을 알아낸다면 가능해요. 이건 전부 당신의 선택에 놓여 있어야 해요. 당신을 위해 누군가 해줄 수 없는 거예요. 그러니 결정했다면 지금 눈을 감고 큰 숨을 내쉬어요. 그리고 이렇게 말해봐요.

"나랑 잘 지내보자."

목차

1장 나는 왜 나와 친하지 않았을까?

2장 나와 잘 지내기로 선택했다

5장 행복의 뿌리는 나에게서 자란다

1장

나는 왜
나와 친하지
않았을까?

나를 사랑하지 않은
행동의 대가

"오빠 나 제주도로 내려와야겠어! 당장!"

2018년 8월 우리 가족은 제주에서 여름휴가를 보내고 있었다. 제주 여행에서 만나기 어렵다는 쨍한 하늘을 여행 내내 만끽했다. 리조트 야자수 나무 아래 시원한 맥주 두 잔을 앞에 놓고 물놀이하는 아이들을 보면서 내가 말했다. 사실 나는 평소 굉장히 신중한 성격이다. 급하게 결정하는 걸 결코 좋아하지 않는다. 결정을 해야 할 중요한 일이 있으면 장 · 단점을 적어가며 며칠씩 고민하는 사람이 나였다. 즉흥적으로 한 말이 아니라는 걸 알았는지 아니면 제주 살이의 로망을 간접적으로나마 실현할 수 있다는 기대감이었는지 남편도 밝은 얼굴로 말했다.

"진짜 좋은 생각이야!!"

사실 제주도에 친정아버지가 살고 계셨다. 아버지는 몇 해 전 사업 실패 후 제주에 내려와 혼자 지내고 계셨다. 서울 집과 제주도를 오가며 무일푼으로 어떻게 하셨는지 제주에 땅도 사고 집도 지으셨다. 사업은 꽤 안정적인 듯 얼마 전 공인중개사 사무실도 여셨다. 몇 달 전부터 언니가 내려와 사업을 도우면 좋겠다는 말씀을 종종 하셨다. 사랑하는 손자들을 옆에서 보고 싶은 마음에 하신 소리려니 했다. 그런데 어엿한 사무실까지 내신 걸 보고 우리도 놀란 터였다. 마음속으로 '정말 내가 도울 일이 있을까?' 궁금하면서 한편으로 '그렇게 아버지를 도와 100만 원이라도 벌 수 있다면 좋겠다!'는 생각을 했다.

그 주에 아버지가 다니시는 교회에 가게 되었다. 야자수가 드리워져 있는 길을 한참 들어가니 전원주택단지 한가운데 멋진 교회 건물이 있었다. 정말 아름다웠다. 교인이 많지 않은 교회였지만 가족 같은 분위기가 따뜻하게 느껴졌다. 예배 중 기도하신 장로님의 인상이 범상치 않았다. 아버지 말씀으로 그 장로님께서 직접 교회를 세우셨고, 근처 있는 전원주택 단지도 다 그분의 것이라고 하셨다. 예배가 끝나고 교인들이 점심을 먹으며 친교를 나누는 시간이 되었을 때 장로님이 나를 부르셨다.

"육지에서 왔다고요? 친정아버지도 계신데 제주도에 내려와요. 제주는 기회의 땅이 될 겁니다."

이곳은 제 2공항의 예정지로 지정되어 이미 부동산 경기가 활발하다고, 얼마 지나지 않아 개발이 시작되면 완전히 다른 곳이 될 것이라는 이야기도 하셨다. 본인이 도와줘서 부자가 되지 않은 사람이 없다면서 내려오기만 한다면 자기가 도와줄 것이라는 약속도 하셨다. 무슨 자신감으로 하는 말씀이신지 알 수 없었지만, 제주도가 기회의 땅이 될 거라는 말이 계속 머릿속에 맴돌았다.

결국 그날 오후 나는 제주도 이주를 결심했다. 남편은 직장이 있으니 계속 육지에 살고 나와 아이들만 일단 내려오기로 했다. 3일 만에 결정했고 3주 뒤 제주행 비행기에 몸을 실었다. 3년이 지난 지금 생각해보면 어떻게 그렇게 즉흥적으로 결정했는지 의문이 들긴 하지만 그 결정을 후회하지는 않는다. 그렇다고 '그게 옳은 결정이었을까?' 질문한다면 대답은 '절대 아니다'이다. 이유는 이렇게 중요한 인생의 순간에 나 자신을 빼놓은 선택을 했기 때문이다. '내가 제주도에 가고 싶은 이유는 무엇일까?', '내가 제주도에서 하고 싶은 것은 무엇일까?', '제주도라는 새로운 환경에서 내가 얻고자 하는 것은 무엇일까?' 하는 근본적인 질문들이 빠져 있었다.

탁송으로 차 한 대에 세 명의 짐을 실어 보내고, '제주 이민 별거 아니네!' 생각했다. 돈도 벌고, 아이들에게 제주도의 자연도 선물해줄 수 있다는 사실에 들떠 며칠 잠도 설쳤다. 비행기를 타고 내려오면서 구름 한 점 없는 파란 하늘같이 나의 미래도 환하게 밝을 거라고 믿었다. '모든 일이 이제 술술 풀리겠구나!' 부푼 기대만 가득했다. 하지만 현실은 생각만큼 쉽지 않았다. 도시에서 나고 자란 큰아이는 전학 간 시골학교의 교육이 맞지 않는 듯 집에서 학교에 대한 불만을 자주 이야기 하곤 했다. 육지에선 늘 밝은 얼굴로 등원하던 작은아이도 어린이집 가자고 하면 싫다며 울기 일쑤였다. 바뀐 환경에 적응하기 어려워하는 아이들을 돌보랴 나도 적응하랴 하루하루가 괴로운 나날의 연속이었다. 어느 날 우연히 딸의 일기장을 보고 눈물이 터져 나왔다. '나는 초능력이 생긴다면 투명 망토를 입고 비행기를 몰래 타고 아빠의 집으로 갈 거야.' 하는 내용이 담겨 있었다. 나나 아이들 모두 행복은커녕 오히려 불행한 시간을 보내고 있었다. 다정하게 아이를 돌보던 아빠의 빈자리를 나는 채우지 못했고, 잘 살고 있던 아이들을 억지로 데려와 힘들게 만들었단 생각에 미안했다. '어쩌다 이렇게 됐지?', '어디서부터 잘못된 거지?' 알 길 없는 나는 밤마다 눈물을 흘리며 저 질문을 했다.

생각해보면 내가 급히 제주도에 왔던 것은 '100만 원만 더 벌면 좋겠다'는 이유가 가장 컸다. 아들이 갓 세 돌이 지나면서 다시 일하고 싶은 마음이 들었지만 그러기에 상황이 녹록지 않다고 느끼던 차였다. 사실 신혼 때부터 계속 서울에서 친정엄마와 친언니의 집 근처에 살다 최근 경기도 근교로 이사를 했더랬다. 먼 길 출근하며 힘들어 하던 남편의 직장 근처에 우리가 살만한 적당한 아파트가 있었고, 이제는 넓은 집에 살고 싶은 마음에 한 결정이었다. 몇 달 살아보니 갑자기 혼자 아이 둘을 키워야 한다는 사실이 부담으로 다가왔다. 전적으로 아이들의 시간표에 나를 맞춰야 했고 다시 일하는 것이 현실적으로 불가능하게 느껴졌다. 전처럼 친정식구의 도움을 받아서 아이도 키우면서 돈도 벌 수 있는 좋은 기회가 온 것이라 생각했다. 정작 무슨 일을 해서 100만 원을 더 벌 수 있을지, 그 일은 나와 맞을지에 대한 고민은 하지 않았다.

물론 감귤같이 상큼한 제주의 매력 때문에 쉽게 제주 살이를 선택한 것도 있었다. 아이들에게 이런 자연환경을 선물할 수 있는데 오지 않을 이유가 없지 않은가? '엄마로서 당연히 희생해야지!'라고 생각했다. 아이들이 조건 없이 좋아할 것이라고 짐작했다. 아빠와 처음으로 떨어져 새로운 환경에 잘 적응할 수 있을지에 대한 고민 같은 것은 하지 않았다. 당시 나는 내 생각보다 다른 사람의 말을 더 중요하게 여겼고 처음 본 장로님의 말을 내 판단보다 신뢰했다. 내 상황을 고려하지 않고 다른 사람들의 말에 중심을 잃고 말았다. 인생의 중요한 결정을 내리는 데 정작 내가 쏙 빠진 꼴이었다. 당연하게 좋을 줄만 알았던 상황이 나쁘게 흐를 때 그 결과를 온전히 책임져야 할 사람은 바로 나였다.

이런 즉흥적인 아내의 결정을 늘 지지해주는 착한 남편과 나는 연애결혼을 했다. 그때 우리는 엄청난 사랑을 했다. 다들 그렇겠지만 사랑하면 상대의 작은 것 하나에도 관심을 기울인다. '그가 좋아하는 건 뭐지?', '어떻게 그걸 해줄 수 있을까?', '그는 왜 그런 말을 했을까?', '내가 어떻게 하면 좋아할까?' 끊임없는 질문을 던지며 사랑을 표현하려고 노력한다.

　제주에 내려온 이유를 되짚어보다가 문득 그때 내가 가장 중요한 나라는 존재에 대해 생각하지 않았음을 깨달았다. '나를 연애 상대만큼도 사랑해 주지 못했구나.'란 사실이 새삼 느껴졌다. 우리가 연애할 때 상대에게 쏟는 관심만큼 스스로에게 애정을 가지고 대한다면 많은 것이 달라질 것이다. 우리는 자꾸 이런 질문을 해봐야 한다.

'내가 왜 이런 생각을 할까?'
'나는 왜 그런 것을 좋아하지?'
'어떻게 하면 원하는 것을 가질 수 있을까?'
'어떻게 하면 내가 좋아하는 것으로 삶을 채울 수 있을까?'

　남녀 간의 사랑에서조차 스스로를 가치 없는 사람으로 여기고 상대의 말만 귀 기울이는 태도로는 건전한 관계를 만들기가 어렵다. 진정한 사랑의 시작은 나에 대한 완전한 사랑에서 출발하기 때문이다. 우리는 종종 나는 잊어버리고 멀리 어딘가 있을 좋은 것을 찾아 헤맨다. 그럴수록 우리는 자신을 중심에 놓고 자꾸 질문해봐야 한다. '진짜 원하는 것이 무엇이야?', '무엇이 하고 싶어?', '이루고 싶은 무언가가 있니?' 진정한 삶의 의미는 내가 꿈꾸는 비전을 찾고 알맞은 행동을 해보는 데 있다고 한다. 눈에 보이지 않는 비전을 실현하는 일은 쉽지 않지만 할 수 없는 것은 아니다. 나를 중심에 놓고 끊임없이 질문들을 던져본다면 가능하다. 그것이 바로 셀프코칭의 시작인 것이다. 방법을 알지 못했던 나는 한참 동안 나를 사랑하지 않은 행동의 대가를 치러야만 했다.

2

'내 스타일 아니야'의
진짜 의미

tvN에서 방영한 최지우, 이상윤 주연의 〈두 번째 스무 살〉이라는 드라마를 본 적이 있다. 고등학교만 졸업하고 결혼하게 된 주인공 하노라가 나이 마흔에 대학 신입생으로 입학을 한다. 그곳에서 20년 전 첫사랑을 만나게 되면서 벌어지는 로맨스를 그린 작품이다. 극중 하노라는 교수인 남편에게 순종적으로 헌신하지만 남편은 그런 아내를 무시하고 바람까지 피운다. 그녀는 결국 홀로서기를 결심하고 첫사랑 차현석의 마음을 깨닫게 된다. 하지만 그녀는 그의 마음을 받아들일 수가 없다. 집 앞으로 찾아와 '너 나 좋아하지?'라고 묻는 그의 물음에 그녀는 이렇게 대답한다.

"너 내 스타일 아니야!"

　여기서 '내 스타일이 아니야.'라는 말을 진심으로 받아들인 시청자는 없을 것이다. 사실 '내 스타일 아니야'의 진짜 의미는 본인의 감정을 부정하고 싶거나 혹은 상황을 회피하고 싶을 때 하는 표현일 뿐이다. 우리는 어떤 일을 미루고 싶을 때 자주 이 표현을 사용한다. 진짜 내 감정을 드러내는 것에 익숙하지 않기 때문이다. 지금 하는 일을 처리하기도 숨 가쁘다며 마음이 원하는 일 따윈 할 여력이 없다고 느낀다. 이렇게 자신의 삶을 돌보는 것을 미루며 나에게 변화를 꿈꿀 능력이 없다고 믿는다. 결국 무력감을 느끼고 '인생이 원래 이런 거지.'라며 체념한다. 나 역시 그랬다.

　제주로 이사 온 후 얼마간은 아이들의 적응을 도왔다. 마침내 설레는 마음으로 친정아버지가 운영 중인 작은 공인중개사 사무실로 출근했다. 여러 개의 빈 책상 중 아무 곳에 앉아 종이컵에 믹스커피를 타 마시며 '앞으로 내가 할 일이 무엇일까?' 궁금해했다. 며칠은 사무실에 일찍 나가 책상을 닦고 정리도 했다. 몇 주 지나지 않아 나는 직감할 수 있었다. 이곳은 내가 100만 원을 벌 수 있는 곳이 아니라는 것을….

　사장님인 아버지에게 상황을 정확히 묻기 어려웠다. 나의 아버지는 항상 자신에 차 있었고 본인의 일을 꾸려나가는 사람이었다. 한번 뱉은 말은 지키는 사업가였다. 그렇다고 짐 싸고 내려온 지금 월급을 줄 수 있는지 확인한들 아니라고 해서 다시 올라갈 수도 없는 노릇 아닌가? 이도 저도 못하고 하루하루 해야 할 일들을 미루고만 있었다.

그날도 별로 할 일 없이 사무실에서 인터넷을 하고 점심시간이 되서 밖으로 나갔다. 사무실 앞 식당에서 혼자 백반을 먹고 산책을 하는데 남편에게 전화가 왔다.

"점심 잘 먹었어? 하는 일은 어때? 재미있어?"

남편은 다정하게 물었다. 사실 '상황이 어떻게 돌아가는지 잘 모르겠어. 할 일이 하나도 없는데 앉아만 있는 것 같아. 이런 상황에서 월급 받긴 힘들 것 같아.' 머릿속에는 여러 생각이 맴돌았지만 내가 뱉은 말은 이것이었다.

"그냥 별로. 내 스타일 아닌 거 같아."

우리는 이렇게 확실하게 표현이 어려울 때 혹은 부정하고 싶을 때 '싫다, 아니다.'라는 말보다 훨씬 자주 '내 스타일이 아니야.'라는 말을 한다. 그때 나는 해야 하는 행동을 하기보다 미루는 것을 선택했다. 더 풍요롭고 행복한 삶을 만들기 위해 온 제주도에서 하루하루를 그렇게 괴로워하며 시간을 축내고 있었다. 삶에서 중요하게 두어야 할 가치인 행복이나 자아실현 같은 것은 생각도 하지 못했다. 중요한 결정을 계속 미루면서도 나는 막연하게 믿었다. 나중에는 부자가 되겠지, 미래에는 나만의 멋진 커리어를 가질 수 있을 거야.

도대체 무엇 때문에 그렇게 미루고만 싶었는지는 미국의 소설가 헨리 밀러의 말이 위로가 된다.

"삶은 우리 대부분에게 오랫동안 미루고 또 미루는 일이다."

그의 말은 나 혼자 이런 삶을 사는 것은 아니라고 위로하는 것 같다. 왜 이렇게 많은 사람들이 삶에서 가치 있는 일을 하기보다 '당장 오늘만 넘기자!'라는 마음으로 사는 것일까? 당장 원하는 일을 시작하기 위한 적극적인 행동을 취하기보다는 미루기를 선택할까?

첫 번째는 이유는 두렵기 때문이다. 어떤 상황이든 바꾸려면 두려운 마음이 든다. 가정폭력 피해자들조차 좀 더 빨리 주변에 알리지 못한 이유를 "어떻게 될지 몰라 무서워서."라고 말한다. 우리가 자신을 위해 좀 더 용감해지는 것은 이토록 힘든 일이다.

두 번째 이유는 시간이다. '이제야 무슨?' 지나간 과거에서 적절했던 때를 찾거나 '아직 때가 되지 않았어.' 하며 오지 않을 미래의 시점을 기약하지 않는가? 우리가 무언가를 바꾸기 위해 필요한 시간은 아주 잠깐이다.

세 번째로 흔히 미루게 되는 핑계에 돈이 있다. YTN(2021년 10월 05

일) 사회 기사를 보면 직장인들이 월급을 받은 후 모두 소진하는 데 평균 12일이 걸린다고 대답했다. 또 월급을 모두 써버려 보릿고개를 경험한 적이 있냐는 질문에 60% 이상이 그렇다고 답했다고 한다. 지금 버는 돈이 적어서 미루던 일을 할 수 없다면 앞으로도 하지 못할 가능성이 아주 높다는 말이다.

네 번째 이유는 가족이다. 우리는 자주 가족을 핑계 삼아 하고 싶은 일을 미룬다. 〈삐루빼로〉 유튜브 채널을 운영하는 최장혁 씨의 누나는 루게릭병 환자다. 그녀의 보호자로 살면서 그는 탄탄한 근육질의 몸을 가꾸고 유튜브 채널 운영을 하며 수익을 만들고 있다. 그가 이렇게 삶의 영역을 넓혀가고 있는 모습에서 우리도 용기를 얻을 수 있지 않을까?

우리가 변화를 선택하기에 너무 늦은 때란 없다고 생각한다. 과거에 그런 선택을 했다고 앞으로도 그래야 할 필요는 없다. 다르게 하고 싶은 한 가지를 정해서 당장 무언가를 집중해보면 알 것이다.

『비움 효과』의 최현아 작가는 미니멀 라이프 연구소를 운영하면서 비움 학교의 첫 번째 과제로 식탁에 아무것도 없이 깨끗한 상태를 인증하는 과정을 만들었다. 아무것도 아닌 것 같지만 매일 식탁에 물건을 비우고 닦으면서 묘한 자신감이 생긴다는 후기들이 공통적으로 올라온다고 한다. 저자 자신도 처음 변화를 갈망할 때 했던 행동이 '서랍 한 개 정리하기'였다고 한다. 그를 통해 지금은 미니멀 라이프 연구소를 차리고 사람들의 삶 속에서 비움을 실천하도록 돕는 1인 기업가가 되었다.

우연히 좋아지는 일은 없다. 셀프코칭을 통해 스스로를 변화시켜야만 좋아질 수 있다. 내가 좀 더 일찍 이 사실을 깨달았다면 좋았을 것이다. '내 스타일 아니야'라는 말로 상황을 회피하며 아까운 시간만 보내고 있지는 않았을 테니 말이다.

3

도전을 그만두니
불행이 시작됐다

"원하는 대로 다 가질 거야 그게 바로 내 꿈일 테니까 변한 건 없어 버
티고 버텨 내 꿈은 더 단단해질 테니 다시 시작해 아아아아아~♬♪"

이 노래를 아는가? 몇 해 전 크게 흥행한 박서준 주연의 드라마 이태원
클라쓰의 ost 중 "시작"이라는 곡이다. '단단 단단 단단단다' 힘찬 전주로
시작하는 이 곡은 주인공 새로이(주인공 이름)의 꿈을 응원하는 응원가
같은 리듬과 가사가 인상적이다.

이 곡이 드라마에서 처음 흘러나오던 날 나는 소파에 앉아 펑펑 울었
다. 그건 '원하는 대로 다 가질 거야 그게 바로 내 꿈일 테니까……'라는

도전적인 가사가 뇌리에 박히기도 했지만, 진짜 이유는 1년 전에 내가 했던 선택 때문이었다.

제주도에 내려온 후 나는 아버지의 공인중개사 사무소에 계속 출근을 하고 있었다. 얼마 지나지 않아 아버지가 가진 돈을 모두 투자한 땅의 사업권을 가진 사람과 소송에 휘말리게 되셨다는 사실을 알게 되었다. 내가 할 일이 없어진 것이 문제가 아니라 부모님의 전 재산마저 모두 잃을 형편이 된 것이다. 처음 제주도 내려오며 했던 '100만 원만 더 벌어 가계에 보탬이 되자!'라는 결심과는 아주 다르게 오히려 두 집 생활하며 생활비만 늘어가고 있었다. 당장 나가서 일해도 시원찮은 상황에서 내가 선택한 건 소파였다. 애들이 학교에 가고 나면 소파에 앉아 티브이를 보며 이 시련이 지나가길 바랐다. 당시 함께 살던 친언니는 나를 따라 제주도에 내려와 한 달도 되지 않아 경력을 살려 프랜차이즈 영어 학원을 개원해 운영하고 있었다. 시골이라 딱히 경쟁할 만한 학원도 없어선지 꽤 잘됐다. 나와 달리 활력 있게 새로운 일을 해나가던 언니가 어느 날 나를 불러 말했다.

"남원에 좋은 자리가 있는데, 너도 학원이나 한번 해봐! 본사에 너 추천해줄게!"

매일 우울증 환자 같이 앉아 있는 나를 보며 답답했을 언니의 마음은 이해할 수 있었지만 나는 정말 그러고 싶지 않았다. 사실 나는 영어 학원 강사로 일한 경력이 있었다. 영어를 정말 좋아하고 경력도 있지만 나는 강사 일을 싫어했다. 내가 가르치던 초·중등 학생들에게 영어는 하기 싫은 공부일 뿐이었고, 학부모들은 그저 공부를 많이 시키기만 원했다. 상충하는 두 고객을 만족시키기가 어려웠다. 난 '어떻게 하면 잘 가르칠 수 있을까?' 하는 고민보다 '어떻게 하면 빨리 집에 갈까?' 생각하던 선생이었다. 첫째를 낳고서야 이를 갈며 그만뒀던 그 일을 다시 하라니 정말 싫었다.

"싫어! 무조건 싫어!"

하지만 언니가 권하는 이 일은 학원 강사가 아니라 원장이었다. 본사에서 학원생도 지원해주고 근무시간도 짧았다. 하루에 네 시간만 일하고 남편 월급만큼 벌 수 있을 만한 조건이었다. 결국 몇 년 전에 진정 내가 원하는 일을 찾을 거라며 그만뒀던 그 일을 다시 하게 되었다. 그때 나는 어리석었다. 아니 비겁했다. 나의 관심은 부정하고 상황에 따른 쉬운 선택을 하고 말았다.

'당신은 인생의 주인공입니다.', '인생의 주역은 바로 당신입니다.' 캠페인 문구 같은 이런 말을 흔하게 들어봤을 것이다. '당신은 정말 인생의 주역으로 살고 있나요?' 묻는다면 '당연하지!'라고 대답하는 사람은 얼마 없을 것이다. 사실 우리는 병에 걸려 있다. 이 병은 약을 먹거나 주사를 맞는다고 나아질 수 없다. 나는 이 병을 '안티미증후군(Anti-me syndrome)'이라고 부르려 한다. 이 병이 어떤 건지 상황을 통해 설명해 보도록 하겠다.

오늘 아침 당신은 새로 산 블라우스를 입고 봄과 어울리는 메이크업으로 단아하게 꾸미고 회사에 출근했다. 이를 알아본 옆 팀 대리님이 칭찬한다.

"어머! 블라우스 새로 샀나 봐! 메이크업이랑 너무 잘 어울린다. 오늘 진짜 봄 여신 같은데!" 이때 당신은 뭐라고 대답할 것인가?

A: 그렇죠? 잘 어울려요? 감사해요. 사실 봄에 어울리는 이 블라우스 사게 돼서 저도 너무 기뻐요! 메이크업도 바꿔보려고 유튜브 보고 공부했어요! 정말 예쁘죠? 알아봐 주시는 대리님도 너무 센스 있으세요.

B: 무슨! 아녜요! 있던 건데요? 잘 어울리긴요. 그냥 옷이 예쁜 거죠. (겸연쩍은 눈인사)

A가 모범 답안 같지만 당신을 포함하여 대부분의 사람들은 B를 선택한다. 우리는 스스로의 안티 팬이 되기를 자처한다. 단순히 칭찬을 받아들이지 못하고 나를 깎아내리려 하는 이유는 뭘까?

"아, 네 제가 피부 톤이 좋아서요. 잘 어울리죠?"

"그렇게 말씀해 주시니 감사합니다. 대리님도 예쁘세요!"

이렇게 말하는 것은 왜 이렇게 어려운 일일까? 이게 바로 '안티미증후군(Anti-me syndrome)'이다. 주변의 시선을 의식해 스스로를 인정하고 존중하지 못하는 것을 말한다. 사실 우리는 자신을 향한 칭찬에 익숙하지 않다. 나의 관심이나 선택에 관해 좋든 나쁘든 의견을 듣는 것은 피하고 싶다. 긍정적인 칭찬의 말도 당연히 부정한다. 우린 그게 겸손이라고 배웠다. 오히려 부정적인 의견을 더 적극적으로 수용한다. 나를 사랑하는 것은 옳지 않다고 배우며 자라왔다고 해도 과언이 아니다.

사회에서는 '남을 먼저 생각하라' 가르친다. 교회에서는 '이웃을 사랑하라' 설교한다. 정작 자신을 사랑한다는 것은 어떤 것인지 잘 알지 못한다. 아주 어렸을 때부터 자신을 사랑하는 것은 이기적인 행동이라고 느꼈다. 여섯 살 아이가 가지고 놀던 장난감을 다섯 살 동생이 원하면 기꺼이 주어야 맞는 것처럼 교육받는다. 나보다 상대를 우선하며 남을 배려해야 한다고 배웠고 그게 좋은 사람이라는 인식을 갖게 되었다.

'너의 위치를 알아야 한다.', '현실적으로 생각하라!'는 말은 언뜻 좋은 조언 같지만 자기를 부정하게 만든다. '내가 그래도 될까?', '나 같은 사람이?' 하는 말로 나를 깎아내리게 한다. 내가 학원 운영을 할지 결정할 때 나도 그런 생각을 했다. 이를 자기부정적인 사고라 한다. 내가 빠진 부정적인 생각은 이러했다.

'진짜 하고 싶은 일을 찾는다니 배부른 소리 하네!'
'현실적으로 돈을 벌 수 있는데 적성이 무슨 상관이야!'
'엄마로서 애들 생각하면 지금 한 푼이라도 더 벌어야지!'
'부모님 마음 편하게 나라도 일 시작하자!'
'내가 달리 할 수 있는 게 뭐 있겠어. 하던 일이나 하자.'

한심한가? 당신은 다른 사람을 생각해서 '내가 좀 참지….' 하며 내키지 않는 결정을 한 적은 없는가? 만일 그때 내가 나의 행복을 중심에 놓고 선택을 했다면 어땠을지 궁금하다. 나는 정확히 1년 뒤 TV 앞에서 눈물 훔치며 이러한 자기부정적인 사고가 스스로에게 어떤 영향을 주었는지만 알 수 있었다.

'욕망이 무엇이냐 물으면 사람들은 당황하곤 한다. 세상의 빈곤 문제 해결 같은 엄청난 얘기를 해야 한다고 생각하는 것이다.'

세계에서 가장 영향력 있는 50인의 비즈니스 사상가로 꼽히는 대니얼 핑크의 말이다. 여기서 욕망이라는 단어는 선천적인 본능을 말한다. 기본적은 욕구가 무엇인지 묻는 물음에 사람들은 거창한 것을 이야기해야 한다고 생각한다. 타인을 의식하기 때문이다. 생각해보면 가장 기본적인 욕구는 무엇일까? 자신의 행복이 아닐까? 나는 가장 기본적인 욕구 나의 행복을 찾기 위한 도전을 하지 않았다. 무엇을 원하는지에 대해 스스로에게 묻지도 못했다. 어쩌면 불행할 수밖에 없는 선택을 한 것이다.

매일 바쁘지만
불안합니다

공항 검색대 앞 편의점에서 방금 물을 부은 육개장 한 사발에 맥주 캔을 따고 있었다. 오늘은 언니와 단둘이 홍콩 2박 3일 여행을 떠나기로 한 날이었다. 수업이 끝나자마자 부리나케 달려왔기에 저녁도 못 먹은 상태였지만 우리는 배고픈 줄도 모르고 신이나 있었다. 핸드폰으로 진동이 왔다. 학원 본사 경리 선생님이었다.

"선생님, 이 ○○ 학생 입금이 안 되었어요. 오늘까지니 확인 한번 해보세요!"

홍콩으로 가는 비행기에 오르기 직전이었다. 오늘까지 입금하신다던 학부모에게 황급히 전화를 했다. 말과는 다르게 학원을 잠시 쉬겠다는 대답이 돌아왔다.

학원을 맡아 운영한 지 어느덧 3개월이 지났다. 말대로 네 시간만 일하면 되었다. 프랜차이즈 학원이라 서귀포 시내 사무실까지 가서 조회를 참석하긴 했다. 일주일에 3일을 왕복 두 시간씩 운전해 다녀오는 건 부담이었지만 그것도 제주 해안도로로 가니 여행 같았다. 한동안은 돈을 벌고, 예쁜 옷을 살 수도 있고, 그 옷 입고 갈 곳도 있으니 신나기까지 했다. 가르치는 것도 전과 달리 나와 잘 맞는 같았다. 학생관리가 좀 복잡해 스트레스를 받긴 했다. 학원생을 지원받은 만큼 원생이 나가면 자력으로 학원생을 보충해야 했다. 그만둘 것 같은 학생이 있다면 한 달 전미리 고지를 하라는 주의사항도 있었다. 미리 낸 명단 외의 결원 발생할 때는 제주시 본사까지 가서 교육을 받아야 했다. 아니면 등록비를 대납하는 경우도 있다고 들었다. 3개월 동안 한 번도 없던 일이었기에 별 신경 쓰지 않았다. 그런데 몇 년 만에 떠나는 해외여행 길에 이 사건이 발생하고야만 것이다. 본사 부장님과 통화하고 관리팀장님과 통화를 했지만 뾰족한 수가 없었다. 나는 당황해 어쩔 줄 몰랐다. '왜 지금 이런 일이 벌어진 걸까?', '나는 어떡해야 하나?' 비행기를 타기 직전까지 나는 학원을 그만둔다는 학생과 통화를 해야 했다.

지금 생각하면 왜 그리 발을 동동 굴렀는지 이해가 가지 않는다. 그냥 '그까짓 것 원비 대납하지 뭐!' 마음 편히 먹고 여행을 즐기는 것이 훨씬 현명했을 텐데 아쉬움이 남는다. 그 짧은 여행기간 내내 나는 불평을 쏟아냈다. 학생이며 학부모, 본사 부장님까지 떠올리며 나를 힘들게 만든 사람들을 원망했다. 홍콩의 유명 관광지인 미드레벨 에스컬레이터를 타면서도, 빅토리아 파크의 멋진 야경을 구경하면서도 흠뻑 빠져 즐기지 못했다.

미국의 심리학자이자 베스트셀러 작가인 웨인 다이어는 인생을 살면서 가장 무익한 두 가지 감정은 과거 일에 대한 죄책감과 미래의 일에 대한 근심이라고 했다. 이 두 가지 감정은 서로 닮은 중요한 성질이 있는데 바로 현재에 집중하지 못하게 한다는 것이다.

돌아보면 일을 시작한 후 나는 계속 이 두 가지 감정 때문에 혼란스러웠다. 이왕 시작한 일 잘해보자는 마음으로 바쁘게 살았다. 아이 둘을 챙겨 학교와 어린이집에 보내고는 급히 운전해 시내에 있는 사무실까지 가서 조회에 참석했다. 돌아와서는 빨래며 청소, 장보기 등 집안일을 처리하고 수업을 하러 갔다. 수업이 끝나면 학부모 상담을 하거나, 원비 관리, 이벤트 구상 등의 자잘한 업무 처리를 해야 했다. 그러다 밤에 잠자리에 들려고 누우면 갑자기 드는 잡념들에 괴로웠다. 옆에서 자고 있는 어린 아들을 보면 안쓰러웠다. '아직 엄마 손이 필요할 나이인데 괜히 일을 시작했나?' 하는 생각에 울컥했다. 아까 자기 전 큰딸이 내일 입을 옷의 코디를 물었을 때 '아무거나 입어!' 퉁명스레 대답한 것이 생각나서 미안했다. 바쁘다는 이유로 내 아이들에겐 불친절하면서 학원 원생들에겐 친절히 말하는 나를 발견하면 죄책감이 들었다. '학원 에어컨을 끄지 않았으면 어쩌지?' 하는 자잘한 걱정부터 본사에 제출할 서류를 빼놓고 온 건 아닌지, '주문한 책은 제때 올까?' 하는 걱정까지 했다. 이런 생각으로 가족과 저녁을 먹는 시간까지도 집중하지 못했다.

우리가 느끼는 죄책감은 과거 행동에 대한 것일 때가 많다. 일어나지 않은 일에 대해 죄책감을 느끼는 사람은 없다. 반면 근심은 아직 일어나지 않은 미래 관한 것이다. 두 가지 감정은 어쨌든 현재의 내가 어찌할 수 없는 일이라는 공통점을 가진다. 사실 세상에 죄책감이나 근심이 없는 사람은 거의 없다. 아마 당신도 예외는 아닐 것이다. 사람들이 자기 파괴적이고 쓸데없는 이 두 감정에 빠지는 이유는 뭘까?

첫째는 회피의 수단이 되기 때문이다. '나 아까 일 때문에 화가 났다. 건들지 마라.' 현재의 어떤 행동을 하지 않아도 되는 이유를 만들어준다.

둘째는 주변 사람들의 공감을 얻을 수 있다. 엄마들은 아이를 등교시킨 후 둘러앉아 종종 커피타임을 갖는다. 이때 아침에 아이들과 티격태격한 사건을 이야기하면 '그럴 만했네' 내 편을 들어주는 말에 심리적으로 편안함을 느낀다.

셋째는 다른 사람에게 책임을 떠넘길 수 있다. 아이의 준비물을 챙기지 못한 아침, 아이에게 "네가 미리 챙겼어야지!" 하며 화를 내면 아이가 죄책감을 느끼게 된다.

결국 스스로를 책임지지 않으려고 우리는 쓸모없는 죄책감에 시달리는 것을 선택한다. 이는 시간을 허비하게 할 뿐 아무 이득은 없다.

근심을 하는 이유도 비슷하다. 어떤 일을 근심 걱정을 할 때는 시간이 어떻게 가는지 모른다. 꼭 해야 할 일이 있을 때 문득 든 생각에 걱정하느라 시간을 보낸 경험은 누구에게나 있을 것이다. 이렇게 근심은 현재 해야 할 일을 하지 않아도 되는 핑계로 사용될 때가 많다. 나는 이 글을 쓰면서도 근심을 경험했다. 방금 학교가 끝난 딸이 이제 집으로 출발한다고 전화가 왔다. 전화를 끊고 문득 '혼자 집에 잘 갈 수 있을까?' 생각하다가 '길 건너기 위험하지 않을까?', '한적한 거리에서 혼자 길 건너다 사고라도 나진 않겠지?', '우리 딸은 나를 닮아 성격이 아주 급한데 괜찮을까?' 하는 생각의 나래를 펼쳤다. 이제는 고학년이고 또래보다 키가 큰 딸이 길을 건널 때 혹시 안 보이는 건 아닌가 하는 걱정까지 하고 있었다. 시간이 30분이나 흘러 있다. 내가 걱정한다고 딸의 안전에 영향을 줄 수 없는데도 이렇게 걱정하는 것은 같이 있어주지 못한다는 죄의식을 덜 수 있기 때문이다. 같은 이유로 친구를 근심할 때도 나는 좋은 사람이라는 느낌을 받을 수 있다. 타인을 걱정하고 있으면 관심을 표현하는 것처럼 느껴지고 이는 곧 나는 좋은 친구, 좋은 부모, 좋은 아내가 되는 것 같다.

때론 이러한 근심이 사람을 아프게 하기도 한다. 두통이나 위경련을 느끼고 혈압이 높아지는 신체적인 질병을 경험할 수 있다.

자! 지금 당신의 1년 전을 돌아보자. 그때도 여러 가지 근심을 가지고 있었을 것이다. 그 근심이 현재에 어떤 변화를 가져다주었는가? 대답은 '아무 영향을 주지 않았다.'일 것이다. 현재의 근심이 미래를 변화시켜줄까? 이 대답도 역시 '아니다'이다. 근심과 죄책감은 현재의 활동을 방해하고 시간을 낭비하게 할 뿐이다. 우리에게 어떤 이득을 주지 않는다는 사실을 꼭 기억하자.

돈을 벌면서 제일 먼저 여행을 가야지 생각했을 만큼 나는 여행을 아주 좋아한다. 해외여행 준비하면 가장 기분이 좋은 순간은 떠나기 직전이라는 조사 결과를 본 적이 있다. 언니와의 홍콩 여행에서 우리는 자유를 한껏 느끼고 오자 결심했다. 홍콩의 이태원이라는 란콰이펑에 가기 위해 몇 주 전부터 잘 입지 않는 미니 원피스도 준비하고 립스틱도 새로 샀다. 막상 란콰이펑에 간 우리는 후회 없이 즐기고 오지 못했다. 호가든 생맥주에 나초칩을 앞에 놓고 한국에 있는 아이들을 궁금해했다. 밥은 잘 먹었을지 친구 집에서 돌아왔을지 라면만 먹고 있는 건 아닌지 걱정했다. 마음은 벌써 집에 돌아가 납부해야 할 카드 값을 걱정하고 있었다. 가끔 있는 자유를 누릴 완벽한 기회를 그렇게 상실하고 있었다. 막상 집에 와서야 그때 먹었던 과콰몰리 나초칩의 맛을 충분히 즐기지 못한 후회가 크다는 것을 깨달았다.

5

나는 예민한
사람입니다

HSP라는 말을 들어 보았는가? HSP란 'Highly sensitive persons'의 약자로 '매우 예민한 사람들' 이란 뜻의 의학적인 용어이다. 작년에 출판된 『매우 예민한 사람들을 위한 책』에서 이 단어를 처음 접했다. 신간을 소개하는 코너에서 책의 제목을 보고는 웃었다. 참으로 정직한 제목 아닌가? 서점을 나오는 내 손엔 이 책이 들려 있었다. 내가 바로 그 '매우 예민한 사람'일 수 있겠구나 하는 생각에서였다.

어느 날 인터넷에 떠도는 간이 우울증 테스트를 찾아봤고, 30가지 문항 중 29가지가 해당되는 결과를 얻었다. 그때 나는 많이 우울했고 생각보다 내 상태가 가볍지 않았던 것 같다.

"언니 나 우울증인가 봐? 우울증 테스트 했는데 그렇대."

막 먹은 저녁 설거지를 하는 언니에게 한껏 우울한 얼굴로 이야기를 했다. 언니는 별로 놀라지 않았다. 매일 저녁 들어오면 바로 맥주 캔을 따고, 식탁에 앉자마자 학원에 대한 푸념을 하기 일쑤였다. 아들이 웃으며 "엄마!" 하고 달려와도 덩달아 웃으며 반기지 못했다. 불과 며칠 전에는 딸아이를 다그치다 딸을 집밖으로 내쫓겠다고 질질 끌고 가는 것을 언니가 막아서기까지 했다. 고작 숙제 한번 하지 않은 것 가지고 불같이 화를 냈다. 거짓말을 한 초등학생 딸의 작은 잘못도 좋은 말로 타이르지 못했다. 늘 기분이 가라앉고 불안한 느낌이 들었다. 아무도 없는 강의실에 앉아 2층 창밖을 내다보다가 '내가 죽으면 어떻게 될까?' 하는 생각을 했다. 누구에게 말하기에도 너무 심각한 얘기라 속으로 생각만 했다. 가끔 뉴스에서 자살한 연예인들을 보면 '일을 그만두면 되지 왜 자살을 하나?' 하는 생각을 했는데 그런 그들의 마음이 이해되기까지 했다. 문득 무슨 이런 생각을 하고 있나 싶어 인터넷을 뒤져 찾아낸 우울증 테스트였다. 30개 문항 중 29개가 해당된다는 결과에 나도 무척 놀랐다. 하기 싫은 일을 몇 달 했다고 이렇게 우울할 일인가 하는 생각에 더 비참했다.

사실 처음 일을 시작하면서는 잘할 수 있을 것 같았다. 한 10년 하면서 돈도 모으고 내 돈으로 명품 가방도 사리라 결심했다. 물론 가끔 학원생이나 학부모들 때문에 상처를 받는 날도 있었다. 지난달엔 선생님이 제일 좋다더니 이번 달엔 다른 학원으로 옮긴 아이는 그런가 보다 했다. 나오지 않아 전화를 했더니 말도 않고 전학을 간 아이까지 있었다. 숙제도 안 하고 거짓말한 일 때문에 상담전화를 하면 도리어 나를 탓하는 학부모 때문에 황당함에 눈물도 찔끔 흘렸다. 사실 가장 나를 힘들게 하는 것은 수업이 무의미하게 느껴지는 것이었다. 프랜차이즈 학원은 교재대로만 수업하면 돼서 편하긴 하지만 성취감을 느끼긴 어려웠다. 선생님이라기엔 학습 도우미 같았다.

"나랑 안 맞아."라고 하면 같은 일을 하고 있는 언니는 이렇게 말했다.

"누가 일이 맞아서 하니? 그냥 저냥 하는 거지. 돈 벌 수 있어 좋잖아. 어디에 가서 네 시간 일하고 이만큼 벌기 어렵다."

틀린 말은 아니었다. 일하는 시간대비 급여는 나쁘지 않았다. 무엇보다 이미 내가 버는 돈에 가계경제가 맞춰져 있었다. 달리 하고 싶은 일이 없는 한 요즘 말로 그냥 '존버'해야 했다. '다른 사람들도 다들 이렇게 살지. 유별나게 굴지 말자!' 머리로는 그렇게 생각했다. 어떻게 이렇게 하나부터 열까지 마음에 드는 것이 없는지 이런 내가 원망스러웠다. 다른 사람들처럼 일 끝나고 집에 와서 술 한 잔에 툴툴 털고 일어나 내일을 살지 못하는 내가 이상하게 느껴졌다.

사실 나는 이상한 사람이 아니라 그저 매우 예민한 사람이었다. 예민한 사람의 뇌는 감정과 공감을 느끼는 변연계가 활성화되어 있어 다른 사람보다 감정이 풍부하고 민감하다고 한다. 그러나 이렇게 날카롭고 쉽게 불안하거나 초조한 모습은 예민한 사람의 한 단면일 뿐이라고 삼성서울병원 정신건강의학과 전홍진 교수는 말한다. 예민함의 장점을 잘 활용해서 세계적으로 성공한 사람들 중 우리가 잘 아는 스티브 잡스나 아이작 뉴턴, 윈스턴 처칠 그리고 슈만 등이 있다. 그중 특별히 본인의 예민함을 긍정적으로 승화시킨 사람으로 윈스턴 처칠의 이야기는 감동을 준다. 그는 영국의 61, 63대 총리이자 제2차 세계대전 당시 탁월한 리더십으로 전생을 승리로 이끈 주역이다. 처칠은 안정되고 자신감을 보이다가도 심한 우울증을 겪기를 반복했다고 한다. 스스로 이 우울증을 가리켜 '검은 개 black dog'라고 부르고, 그때마다 글을 쓰고 그림을 그려 극복했다고 한다. 그는 1953년 노벨문학상을 수상했고, 수준급의 그림도 많이 남겼다. 그가 우울함으로 인해 예민해질 때마다 깊은 사색을 하여 창의성과 통찰력이 늘어났기 때문이리라….

이렇게 내가 예민한 사람이라는 것을 깨닫고 그동안의 나조차 나를 이해해주지 못한 상황들을 점점 이해할 수 있게 되었다. 토요일 저녁 남편과 아이들이 옹기종기 앉아 이야기를 나누고 있었다. 무슨 게임을 하는지 시끌벅적한 소리에 귀가 따가워 나는 불쑥 이렇게 말했다.

"아 시끄럽잖아. 조용히 좀 해!"

빽 하고 지른 소리에 나도 민망하고 아이들도 놀랐다. 아이들과 오랜만에 재미있게 놀아주던 남편도 겸연쩍은 표정을 지었다. 나는 왜 이 순간을 즐기며 가족들과 게임을 하지 못하고 시끄럽다고 인상을 썼을까? 평소라면 '사랑하는 아이들의 즐겁게 노는 소리도 견디기 힘들어하는 엄마가 세상에 어디 있나?' 자책을 했을 것이다. 그런데 그 순간 갑자기 이런 생각이 들었다.

'아! 나는 예민한 사람이지….'

예민한 사람은 청각, 후각이 특별히 더 발달할 수 있다고 한다. 정말 큰 소리가 귀를 아프게 한다는 느낌을 받은 적이 많았다. 그렇다. 나는 귀가 아주 예민한 것뿐이었다. 그 후 그런 순간이 오면 한 템포 쉬고 "문 좀 닫아줄래? 엄마가 귀가 좀 아프네."라고 짜증 대신 부탁의 말을 할 수 있게 되었다.

그 겨울 한참을 우울하게 보내면서 나는 계절성 우울증에 대해 알게 되었다. 이는 계절에 따라 우울한 상태나 무기력증이 나타나는 것으로 겨울이 특히 심하고 봄, 여름이 되면 나아진다고 한다. 그때 나는 '아! 겨울이라 우울한가 보다.', '내가 좀 예민해서 이런 기분이 드는구나.' 생각하면서 '나는 이런 사람이다.' 받아들이기를 시작했다. 우울하거나 기분이 좋지 않아도 나를 너무 괴롭히지 않고 인정하는 것만으로도 마음이 많이 편안해졌다.

　가끔 소리가 잘 안 들리고, 뭘 먹어도 맛있고, 어디서나 잘 자는 수더 분한 남편이 부러울 때가 있다. 나보다 세상 살기 더 편해 보인다. 예민 떠는 나를 유난이라고 말할 때는 '당신이 내 어려움을 알아?' 억울한 생각에 서럽기도 하다. 나의 이런 안타까운 사연을 듣기라고 한 듯 처방전 같은 책을 찾았다.

　『왜 아무 이유 없이 우울할까?』 책을 쓴 가브리엘 페를뮈테르는 사람이 장속 세균만 다스려도 기분은 저절로 좋아진다고 주장한다. 그는 매일 사과 한 알을 먹으면 사과속의 '펙틴' 성분이 몸 안에서 긍정적인 효과를 내 뇌의 신경전달물질까지 영향을 준다고 말한다. 사과를 먹는 것만으로도 기분이 좋아진다니 당장 사과를 사러 가고 싶지 않은가? 그는 또한 프로바이오틱스를 챙겨 먹으라고 강력히 권하는데 이는 스트레스 호르몬인 코르티솔의 분비가 줄어들게 만들기 때문이다. 스트레스에 벗어나고 싶다면 오늘부터라도 사과와 프로바이오틱스를 챙겨먹자. 이밖에도 각종 식이섬유가 풍부한 야채와 통곡물이 포함된 건강 식단을 먹는 것으로 불안 증세를 줄여준다는 연구결과를 제시한다. 나는 이후 지중해식, 당독소 식이(4장 4챕터 '몸을 가꿔야 마음이 건강해 진다' 참고)등의 건강식을 하며 몸도 건강해졌지만 정신적으로 많이 편안해진 것을 느끼게 되었다.

간이 우울증 테스트의 결과지를 받아들고는 이런 나를 고칠 수 있는 묘책이 어딘가에 있을 거라 생각했다. 누가 나를 좀 살려줬으면 하고 바라기도 했다. 아마 병원에 가서 약을 처방받았다면 더 빨리 좋아졌을지도 모르겠다. 겨울이 지나고 봄이 되었을 때 더는 우울하지 않다 느끼게 된 것은 계절이 지나서이기도 했지만 내가 나를 있는 그대로 받아들이려는 노력을 했기 때문이라 생각한다. 예민한 것은 성격적인 특징이지 꼭 나쁜 것은 아니다. 부족한 점을 인정하고 바꾸려는 노력을 할 수 있다면 상황은 나아질 수 있다. 작은 것부터 조금씩 시작해보자.

6

날 위한 행동을
그만두면 생기는 일

"우리는 부정적인 것은 현실적이고 긍정적인 것은 비현실적이라고 배
워왔다." 심리학자 수전 제퍼스의 말이다. 앞서 스스로를 순수하게 인정
하는 것의 중요성을 이야기했지만 그 후로도 한참 나는 나를 인정하지
못했던 것 같다. 그럴 수밖에 없던 이유야 많지만 나는 수전 제퍼스의 저
말이 내 상황을 가장 잘 설명해준다고 생각한다.

나는 나의 부정적인 지금을 받아들이고 사는 것이 현실적이라고 믿었
다. 당장 괴로운 상황을 바꾸려는 시도를 하는 것보다 현실에 안주하는
것을 선택했다. 나는 내일모레 마흔을 바라보고 있고 어린 아이들을 키
우고 있는 주부였다. 당장 돈을 들여 시작한 영어학원은 이제 좀 안정적

이었다. 모든 것을 뒤로 하고 그만두기엔 아직 6개월밖에 해보지 않았다. 이 일이 나의 적성에 맞는지 지금 고민하는 것은 현실적으로 말이 안 된다고 느꼈다. 정확히 하고 싶은 일이 뭔지도 모르고 그걸 찾기 위해 그냥 그만두는 것이 어떻게 긍정적인 대안이 될 수 있겠는가?

〈Answer: Love Myself〉이라는 방탄소년단의 노래를 들어보았는가? 나는 이 노래를 듣고서야 왜 그렇게 방탄소년단이 사랑받는지 이해할 수 있었다. 2절 가사 중 "슬프던 me, 아프던 me, 더 아름다울 美 그래 그 아름다움이 있다고 아는 마음이 나의 사랑으로 가는 길, 가장 필요한 나다운 일, 지금 날 위한 행보는 바로 날 위한 행동" 부분을 듣고 눈물이 핑 돌았다.

이 노래를 알고 있었다면 오로지 '나를 위한 행동'의 중요성을 더 일찍 깨달았을지도 모른다. 우리 대부분은 현재의 테두리 안에 나를 가두는 것이 안전하다고 느끼며 나를 위한 행동을 주저한다. 지금 내가 행복한 지 확신하지 못하면서 변화를 위해 용기 내지는 않는다.

"난 망했어, 앞으로 일을 감당 못할 거야."

해보지 않은 것에 대해 미리 걱정하느라, 미지의 일에 대해 두려워하느라 긍정적인 면을 보지 못한다. 사람은 누구나 해보지 않은 일에 두려움을 갖는다. 이 같은 생각이 새로운 시도를 방해하고 그대로 사는 것이 낫다고 느끼게 한다면 참으로 안타깝다. 많은 사람들이 다음과 같은 생각에 쉽게 빠진다.

1. 내가 _____하면 사람들이 나를 좋지 않게 생각할 거야.

2. 이런 선택은 가족에게 나쁜 영향을 끼칠지 몰라.

3. 나는 _____를 하기엔 재능이 없어.

4. 나는 끈기가 부족해.

5. 내가 _____못 하면 바보같이 보일 거야.

6. 돈을 벌지 못할 거야.

7. 스트레스를 받아 금방 아플지도 몰라.

8. 다른 일을 시작하기에 나는 너무 나이가 많아.

9. 성공하기란 쉽지 않아 나는 결코 잘될 수 없어.

이는 사실이 아닐뿐더러 새로운 시도나 어려운 과제를 대할 때 우리를 겁먹게 만든다. 부모님이나 가족에게 영향을 받은 편견일 수도 있고 학교를 다니며 느낀 부정적인 경험 때문일 수도 있다. 어쨌든 이런 생각은 머릿속에서 떠나지 않고 끊임없이 나타나 나와 싸운다.

어느 날 출근하기가 귀찮아 침대에 그대로 누워 있는데 갑자기 배가 아파왔다. 정말 극심한 통증이었다. 이 정도의 통증이라면 당장이라도 큰일이 날 것 같았다. 몇 년 전 담석증으로 몇 차례 응급차를 타본 나로서는 쉽게 넘어갈 만한 것이 아니라고 직감했다. 한동안 도와달라는 소리조차 하지 못하고 배를 움켜잡고 뒹굴었다. 한참을 아프고 나서야 정신이 좀 들었다. 동네 병원을 찾아가 내시경, 피검사 등 할 수 있는 검사를 다 해달라고 했다. 아마 "위경련일 거예요." 별거 아닌 양 말하는 의사에게 더 검사를 해달라고 애원했다.

다음날 검사 결과를 알려주는 전화는 내 기대와 달랐다. 내 대신 전화를 받은 언니가 말했다.

"급성 간염이래 수치가 상당히 높아서 다시 검사해봐야 한다고 내일 바로 병원 오래. 이제 어떡하니?"

하늘이 뿌옇고 다리에 힘이 풀렸다. 다음날 병원에서 설명을 듣고는 머리가 더 어지러웠다.

"급성으로 온 간염은 지나갈 수 있지만 생활 습관을 바꾸고 스트레스 관리를 해야 해요. 만성 간염으로 발전하면 간암 등으로 이어질 수 있으니 각별히 조심해야 합니다."

'급성간염? 간암? 스트레스 관리?' 여러 단어가 머릿속에 둥둥 떠다니는 것 같았다. 몸 여기저기가 아직도 아팠다. 그날 저녁 통증의 여파로 기운도 없고 열도 좀 나는 것 같아 약을 먹고 일찍 잠이 들었다. 새벽 어스름에 잠에서 깨 멍하게 침대맡에 앉았다. 갑자기 스스로가 참 한심하게 느껴졌다. 부푼 꿈을 안고 갑자기 제주도에 온 일, 나랑 맞지 않은 학원을 시작한 일, 뻔히 알면서 어리석게 했던 선택들 모든 것이 엉망진창이었다.

'이제 어떻게 스트레스 관리를 하지?', '일을 정말 그만둘까?', '생활비는 어쩌지?', '우리 아빠는 왜 사기를 당한 거야!' 시간이 갈수록 아무 쓸모없는 자책만 하고 있었다. 눈물이 터져 나와 한참을 울다 지쳐 다시 잠이 들었다. 눈이 떠져 일어났는데 아직도 새벽이었다. 다시 잠이 오지 않아 집어 든 책의 한 구절이 내 뼈를 때렸다.

"아… 지금 하는 일이 싫다고? 모두 그렇게 말하지 그리고 술집에서 만나."

– 드루 캐리

또다시 눈물이 났다. 하고 싶은 일도 아닌 이 일을 하느라 이토록 스트레스 받고 있다니…. "스트레스 관리는 개뿔!" 혼자 중얼거렸다. 절망에 찬 한탄을 하고 있는데 갑자기 이상한 소리가 들렸다.

'뭘 기다리는 거야? 간염이 아니라 간암이었으면 바로 일 그만뒀지?'

무심코 든 생각인지 어디선가 들려온 소리인지 모를 물음에 소스라치게 놀랐다. 그렇게까지 생각하다니 이제는 진짜 내 속마음을 알 것 같았다.

'그래! 더는 망설이지 말자! 일을 그만두자! 더는 이렇게 살지 않겠어.'

"삶은 용기에 비례해 확장되거나 축소된다." 소설가 아나이스 닌의 말은 나의 삶을 위해 용기를 내는 일이 얼마나 가치 있는가를 깨닫게 한다. 당장 인생의 정답이 필요하다고 느끼지만 그때를 기다리며 견디는 것이 내가 할 수 있는 전부라 여겨질 수도 있다. 하지만 좀 더 비현실적인 긍정적인 미래를 꿈꿔보면 어떨까? 좀 더 용기를 내 슬프고 아픈 나를 다독이고 더 아름다워질 수 있는 방법을 찾을 수 있지 않을까? 삶은 그저 나를 사랑하는 방법을 아는 과정에 있는 것 같다. 방탄소년단의 노래처럼 나 스스로를 사랑하는 답을 찾으려는 노력은 중요하다. 그것이 날 위한 행동이고 행복으로 가는 시작이 될 수 있는 것이다. 지금 바로 셀프코칭을 시작해보자.

7

완벽한 때가 올 거라는
착각

바닥 체험이라는 말이 있다. 이는 바닥에 떨어져 더 이상 떨어질 곳이 없다고 느낄 때를 뜻하는 말이다. 여기서 바닥이란 지극히 주관적이지만 우리가 자신만의 마지노선이라 느끼며 '더 이상 떨어져선 안 된다', '더는 밀려날 수 없다'고 생각하는 그때라고 보면 된다.

나는 갑자기 찾아온 극심한 복통으로 더는 일하지 말자고 결심한 새벽, 바닥 체험을 했던 것 같다. 만약 여러분이 '그런 경험으로 이 사람의 삶이 당장 하루아침에 변했나?'라고 기대했다면, 미안하지만 아니다. 그런 깨달음 후에도 바로 다른 삶을 살 수가 없었다. 당장 변화를 결심했지만 다음 날 나의 생활은 별반 다르지 않았다. 남편에게 일을 그만두겠다고 말하지도 못했다. 회사에 그만둔다고 말하는 걸 상상하는 것만으로 긴장이 되었다. 그때 나는 내가 그만둬야 하는 완벽한 때를 찾고 있었다.

우리는 언젠가, 좋은 날 '썸데이(someday)'를 늘 기대하지만 썸데이는 달력에도 없다. 사실 나는 완벽주의자였다. 누가 '너 진짜 완벽주의자다' 라고 하면 그게 마치 흠인 양 생각해도 내심 그게 자랑스러운 것처럼 느끼기도 했다. 어떤 일을 준비할 때 하나부터 열까지 나의 손이 닿아야 직성이 풀렸다. 초등학교 1학년 딸의 생일 파티를 준비할 때도 엑셀 파일로 인원, 연락처, 음식, 행사 순서까지 꼼꼼히 정리해야 마음이 놓였다. 평소 이렇게 준비성이 철저한 나의 성향이 당연히 좋은 것이라 여겼다.

우리 모두 이런 목표를 세워본 적이 있을 것이다. '한 달 안에 10kg 감량', '1주일에 책 한 권 읽기', '1년에 1억 모으기', '올해 영어 완전 정복', '1 년 안에 책 한 권 집필 끝내기' 등 우리가 쉽게 뱉는 이 완벽한 목표들이 불가능한 것은 아니지만, 이보다 적게 이뤘을 때 충분하지 않다고 생각한다. 이 목표에 도달하지 못하면 실패자이고 열등하다고 느끼게 된다. 사실 한 달에 1킬로그램 감량을 하고 1주일에 책 10쪽 읽은 것, 1년에 100만 원 모으는 것도 의미 있는 일이다. 이런 작은 진전은 완벽주의자들에게는 한심하게 느껴진다. 오직 크고 대단한 성공만이 가치 있는 것이다.

넷플릭스 드라마 '오징어 게임'에서 실패는 죽음이었다. 완벽주의자들은 새로운 일을 시도할 때 마치 실패로 목숨을 위협하는 누군가 있는 것처럼 두려워한다. 실수 없이 완벽하게 하지 못한다면 차라리 안 하는 것을 선택한다. 이런 실패에 대한 두려움은 실패가 의미하는 상징성에 영향을 받는다. 새로운 시도가 실패로 끝났을 때 우리는 스스로에게 질문한다. '왜 일까?', '나는 능력이 부족한가?', '내가 자격이 없나?' 이런 자존심에 상처를 주는 생각이 아주 작은 희망마저 박살낸다. 수치심을 연구하는 심리학자 브레네 브라운은 완벽주의가 "우리를 상처로 보호해줄 거라고 믿으며 들고 다니는 20t짜리 방패"라고 했다. 안전하고자 하는 욕구가 완벽주의자의 길을 걷게 하지만 할 일을 두고 소파에서 TV를 보면 마음이 불편했던 경험은 누구에게나 있을 것이다. 공통적으로 완벽주의자들은 대단한 사람이고 싶어 한다. 그러나 끊임없는 도전과 실패를 극복함으로써 위대해질 수 있다는 사실은 간과한다.

내가 학원 일을 그만두겠다 말하기 어려워한 이유는 '안전하다'는 느낌 때문이었다. 일은 생계유지와 연결되어 있고 돈을 벌지 않으면 생계를 위협당하는 것이었다. 당장 다음 달 카드 값을 벌고 있는 것이 건강이 나빠지는 것보다 안전한 것처럼 보였다. 또 일을 그만두는 것은 다른 선택을 해야 한다는 의미였다. 선택을 하면 다른 기회가 주는 보상을 포기해야하는 것이고 또 다른 후회로 이어질지 모른다는 두려움을 갖게 한다. 사실 나에게는 남들에게 선뜻 말하지 못하는 꿈이 있다. 바로 '글을 쓰는 작가'가 되는 것이다. 이런 위대한 작가의 꿈은 글을 쓰지 않으면 이룰 수 없지만 글쓰기를 미루면 이룰 수 있을 만한 꿈으로 남겨둘 수 있다. 이런 이유로 변화를 결심하고서도 다시 원래대로 돌아가려고 했던 것이다.

완벽주의 때문에 미루고 또 미루는 사람이라면 아래 해법에 주목하자. 나의 삶에서 적용하면서 효과를 보았던 방법 세 가지를 뽑아보았다.

첫째, '반전 문구를 만들어라'이다. 오프라 윈프리는 어릴 적부터 안 좋은 상황에서 "그래서, 그게 어쨌는데?"라는 혼잣말을 했다고 한다. 영어로 "So, what?"이란 이 말을 나에게도 하면서 '그렇다고 안 할 거야?', '아무것도 안 하면 뭐하려고?'라는 질문을 나 자신에게 했다. 이는 나와의 약속을 지키지 않을 핑계를 찾으려고 할 때 유용했다.

둘째, '긍정적인 장면을 기억하라'이다. 마음이 부정적으로 변했을 때 과거나 미래의 긍정적인 장면을 연상하며 기분을 전환시키는 것을 말한다. 과거의 성공장면이나 원하는 미래의 순간을 사진처럼 기억하는 것이다. 매일 아침 비전을 소리 내어 말하는데 이때 사진처럼 연상하면 부정적인 마음은 잠잠해지고 긍정성이 키워지는 경험을 하곤 한다.

셋째, '원하는 것을 생각하라'이다. 어떤 문제로 고민할 때 그 문제만 사라지면 좋겠다고 생각하지만 금방 다른 문제가 생겨 힘들어진 경험을 해보았을 것이다. 급급한 문제에 벗어나려고 하지 말고 원하는 것에 집중하는 것이 중요하다. 불행하다면 불행을 피하려고 하지 말고 행복해지기 위해 노력하는 것이고, 게으르다면 게으름에 벗어나려고 하는 것이 아니라 나에게 충실한 삶을 위해 노력하는 것이 필요하다.

철학자 니체는 "살아가야 할 이유를 아는 사람은 어떠한 상태에서도 견딜 수 있다."라고 하면서 왜 하려고 하는지에 대해 질문해보는 것의 중요성을 강조한다. 나는 당장 학원을 그만두고 내가 하고 싶은 일을 해야 하는 이유에 대해 고민하기 시작했다. 잘 모르겠다고 느낄 때는 책을 읽고 생각을 쓰면서 나의 마음에 계속 질문하기 시작했다.

『성공하는 사람의 7가지 습관』이란 책을 통해 목표를 확립하고 행동하는 가장 좋은 방법이 '자기사명서' 작성이라는 글을 읽고 바로 그날 작성해보았다.

〈자기 사명서〉

1. 가정과 나 모두 중요하기 때문에 이 두 가지를 균형 있게 유지할 수 있도록 할 것이다.

2. 자기 계발을 하는 것은 나에게 너무 중요하다. 삶을 충만하고 재미있게 만들 수 있는 활동을 계속할 것이다.

3. 모든 일은 나의 태도에서 시작된다고 생각한다. 적극적이고 진실하고 긍정적인 태도로 대한다.

4. 어떤 일을 능숙하고 잘하게 되는 것에 기쁨이 있음을 안다. 매일 조금씩 노력해 잘하는 것을 늘려나가자.

5. 정돈된 생활을 하고 깔끔하게 일하자.

6. 건강은 나와 가족을 위한 것. 건강하게 먹고 몸을 움직이고 비타민

과 유산균을 챙겨 먹자.

7. 미래에 대한 걱정은 내려놓고 행복은 현재 있음에 항상 집중하자.

8. 감정이나 외적인 하찮은 문제에 노예가 되지 않고 큰 가치 사랑, 웃음, 믿음, 존중을 실천하며 자기 자신을 돌보고 성장하는 데 집중하는 사람이 되자.

9. 나는 돈이 나를 위해 꼭 필요한 것임을 기억하고 불필요한 소비를 하지 않고 나에게 중요한 것에 소비하며 해빙(Having)을 실천! 부와 행운을 갖는 인생을 살 것이다.

10. 나는 점차 성장할 것이다. 다른 이에게 성장의 지식을 전하며 그들의 미래를 세우는 데 도움을 줄 수 있는 사람이 되기 위해 노력할 것이다.

11. 독서는 나의 지식을 넓히고 생각을 깨고 더 큰 사고가 가능하게 만든다는 것을 믿는다. 매일 책을 가까이하고 사색과 산책을 하며 나의 견해를 키워나갈 것이다.

삶은 실수를 통해 배우며 성장해가는 여정이다. 어떤 일을 해야 하는 완벽한 때란 어쩌면 없는 것 같다. 생각을 많이 하면 도움이 될 것 같지만, 실제 행동으로는 이어지지 않을 때가 많다. 해결책도 떠오르지 않고 힘들기만 하다면 이렇게 해보자. 종이를 한 장 꺼내 나에게 중요한 기준을 먼저 세워보자. 거기에 맞춰 하루 한 가지씩 실천하는 삶을 살아 보면 어떨까? 그것이 삶의 완벽한 과정이 되고, 셀프코칭의 시작이 되어줄 것이다.

8

이번 생은 나도 망했으니,
너도 망했으면 좋겠어

얼마 전 유튜브를 보다 너무 재미있는 영상을 발견했다. 10cm의 노래 〈봄이 좋냐?〉를 개그맨 최준이 함께 부르는 것이었다. 둘이 불협화음도 웃음이 나는데 꾹 참는 원곡가수의 모습도 너무 웃겼다. 재미있는 건 그 것뿐만이 아니었다. 노래의 사실적인 가사는 봄날의 솔로들의 비참한 심경을 위트 있게 표현하고 있었다.

봄이 그렇게도 좋냐 멍청이들아

벚꽃이 그렇게도 예쁘디 바보들아

결국 꽃잎은 떨어지지 니네도 떨어져라

몽땅 망해라 망해라

－10cm 〈봄이 좋냐〉 가사 中 일부

'몽땅 망해라'라는 저 심경이 이해되지 않는 것은 아니지만 저런 마음으로 사는 것은 애인을 만들기도 어려울 뿐더러 자기성장에 별 도움이 되지 않는다. 나도 비슷한 마음을 품은 적이 있었다. 내 질투 상대는 봄날의 연인이 아니라 파워 블로거들이었다.

'글을 쓰는 작가'가 되고 싶다는 생각을 하며 가장 먼저 떠올린 방법은 '블로그'였다. 많은 작가들이 블로그에 글을 올리는 것을 시작으로 책을 출간하고 강의도 하게 되었다는 일화를 들은 적이 있어서다. 바로 시작하기보다 먼저 잘하고 있는 파워 블로그를 참고하면 좋겠다 싶어 여기저기 들어가 봤다. 예전에도 블로그를 한 적이 있었지만 요즘은 동영상을 넣는 새로운 기능과 깔끔하게 디자인된 이미지를 보고 주눅이 들었다.

'나는 이렇게까지 못하겠다.', '와! 아이디어를 어떻게 따라가?' 꿈을 실현하고자 시작한 블로그 벤치마킹이 장애물 찾기 시간으로 바뀌었다.

어느 조사에서 '남과 나를 비교해 우울해진 적이 있는가?'라는 질문에 '그렇다.'는 답을 한 사람이 45.2%나 된다고 했다. 절반에 가까운 사람이 남과 자신을 비교해서 기분에 영향을 받았다는 말은 위로가 된다. '나만큼 남들도 비교를 하는구나!' 비교 후 우울한 감정은 평범한 것이란 생각을 하게 한다. 사람은 원래 무의식적으로 타인과 자신을 비교하곤 한다.

그러니 그런 생각을 한다고 너무 스스로를 책망할 필요는 없다.

'비교는 행복을 빼앗는 도둑'이라는 말을 들어보지 않았는가? 남과 나를 비교하면 그만큼 불행해진다. 왜냐하면 세상에 뛰어난 사람은 얼마든지 있기 때문이다. 외모 면에서 완벽하다고 느꼈던 배우가 어느 날 인터뷰에서 '자신보다 잘 생긴 배우를 부러워한 적이 있다'고 말한 것을 보고 놀랐다. 나보다 높은 연봉을 받는 사람, 더 잘생긴 사람, 키가 더 큰 사람은 세상 어디에나 있기 마련이다. 국내에서 최고 일지 몰라도 세계인을 놓고 보면 한없이 부족하게 느껴질 수 있다. 결국 남과의 비교는 끝이 없다.

이렇게 나보다 나은 사람과 비교하는 것을 '상향 비교'라고 한다. '나도 저렇게 되어야지!' 생각한다면 긍정적이지만 대부분은 부정적인 상향 비교를 하곤 한다. 내가 처음 블로그를 시작할 때 그랬다. '나는 저렇게 못 할 거야.', '저 사람 뭔가 속임수가 있겠지.' 생각했던 것이다.

때론 나보다 못한 사람과 비교하고 '못난 사람도 있는데 이 정도는 괜찮지!' 여기기도 하는데 이런 심리를 '하향 비교'라고 한다. '내가 낫다.' 하는 마음으로 잠시 위안을 얻을 수는 있지만 의욕을 불러일으키지는 못한다. 주변에 블로그 하지 않는 사람을 만나면 '그래 안 하는 것보다는 낫지. 매일 글을 올릴 필요는 없어.' 생각하기도 한다. 상향 비교나 하향 비교 모두 성장을 방해한다는 공통점이 있다.

내가 당시 잘하는 사람들의 블로그를 보며 가져야 할 자세는 그런 것이 아니었다. 그럼 중요한 것은 무엇일까? 바로 '존경하는 마음'과 '관찰'이다.

'이 블로그는 어떻게 이렇게 방문자가 많을까?'
'매일 블로그 글을 올리나? 몇 개나 올리는 거지?'
'이런 기능들은 어떻게 활용하는지 살펴봐야겠다!'
'이런 글을 올리니 사람들이 댓글을 많이 다는구나!'

존경심을 갖고 블로거를 칭찬하는 댓글을 남기면 좋은 이웃 관계를 만들 수 있다. 자꾸 소통하면서 노하우를 묻는다면 기꺼이 참고했던 책이나 교육과정을 추천해줄지도 모른다. 심리학에서는 이것을 가리켜 '모델링'이라고 한다. 적절한 롤모델을 찾고 모델링 하면 본인의 능력을 향상시킬 수 있는 기회로 삼을 수 있다.

우리가 남과 비교할 때 쉽게 빠지는 생각이 있는데 상대가 나보다 좋은 기회나 여건을 가졌다고 착각하는 것이다. "원래 세상은 공평하지 않다" 이 말을 처음 들은 사람은 아마 없을 것이다. 우리는 이미 알고 있다. 세상은 결코 공평하지 않다는 것을. 그런데도 우리는 남과 비교하며 공평함을 요구한다.

내가 처음 운동을 시작했을 때의 일이다. 매일 조금이라도 운동하면 좋겠다는 생각에 요가가 떠올랐다. 어딘가 가서 배울 수 있는 상황이 아니었기에 유튜브로 할 만한 홈요가 영상을 찾고 있었다. 수많은 요가 영상이 쏟아져 나왔고 멋지게 몸을 가꾼 선생님들의 몸매를 보니 위축이 됐다. 나는 계속 영상 속 요가선생님들과 나를 비교하면서 공평하지 않은 조건을 찾고 있었다.

'저 선생님은 애도 없으니 저렇게 할 수 있겠지.'

'와! 인도 아슈람에서 공부했다고 발리도 다녀왔다더니 돈이 많은가 보다.'

'저렇게 할 수 있는 건 원래부터 몸이 유연하기 때문일 거야.'

나는 이렇게 당장 요가를 열심히 할 수 없는 이유를 찾아 헤매고 있었다. 사실 그때 내가 해야 할 일은 아주 분명했다. 그저 영상 하나를 선택해 따라 하는 것이었다. 이런 생각들을 하면서 시간을 낭비할 필요가 전혀 없었다.

행동의 초점을 다른 사람에게 맞추면 끝없이 불행해질 수 있다. 어떤 사람은 덜 일하고 돈을 많이 번다. 나보다 못생긴 여자가 더 멋진 남자를 만나기도 한다. 별것도 없는 것 같은 사람의 인스타 팔로우가 1만 명이 넘는다. 그렇다. 이런 것들은 부당하게 느껴질 수 있다. 이런 생각으로 괴로워하며 자신을 괴롭히기도 한다. 그렇지만 이런 느낌은 나에게 그저 해로울 뿐이다.

최근 인터넷을 뜨겁게 달군 사건이 있다. 라이징 스타로 떠오른 K배우의 전 여자 친구가 폭로한 글 때문이다. K배우의 전 여자 친구 C양의 주장은 사귀는 동안 임신을 했고 낙태를 하는 과정에서 거짓과 회유가 있어 피해를 입었다는 것이었다. 그 K배우의 평소 이미지와 너무도 다른 글의 내용에 많은 팬들을 실망했고, 광고계에서도 손절하고 나섰다.

며칠이 지나지 않아 C양에 관한 기사가 났고, 곧 본인의 주장의 신빙성을 잃게 만들었다. 낙태 후 바로 헤어진 것처럼 이야기했지만 그 후 10개월 이상 교재를 했단다. 당시에도 다른 남성을 만나는 행동을 하며 오히려 K배우를 힘들게 한 것은 C양이었다는 증언이 여기저기서 터져 나왔다. 사건의 발단인 전 여자 친구 C양은 K배우가 스타로 떠오르자 "망했으면 좋겠다."라는 말을 자주 해왔다고 한다. 결국 사람들은 C양을 욕하며 신상을 공개하고 방송에선 이슈에 올라선 그녀의 다른 사건까지 추가적으로 공개하고 나섰다. 지금 아마도 K배우보다 더 힘든 나날을 보내고 있는 것은 C양일 것이다. 정작 망했으면 좋겠다고 생각한 K배우보다 지금 망한 사람은 전 여자 친구인 듯하다.

실제로 상대가 나보다 기회가 많다고 느낄 때 이런 자기 파괴적인 행동으로 불만을 표출하기도 한다. 이런 생각을 계속하는 것은 스스로의 삶을 다른 사람에게 맡기는 셈이다. 누가 뭐라고 해도 우리 모두는 소중하다. 사람의 가치는 유명하거나 사람들의 동경을 얻을 만한 자리에 있다고 해서, 높게 매겨질 수 없다. 반대의 경우라고 낮게 평가될 수 있는 것은 아니다. 내가 나를 어떤 사람으로 정의하고 어떻게 대하는지에 따라 가치가 매겨질 수 있다. 자신에게 소중한 것이 무엇이고 어떤 것에 가치를 느끼는지 안다면 그 가치를 실현하는 것이야말로 행복한 인생일 것이다. 이제 다른 사람들의 성공에서 가능성을 찾아보자. '너가 할 수 있다면, 나도 할 수 있다'는 성공 마인드로 무장하자. 셀프코칭을 한다면 가능하다. 남과 비교하지 않고 성장을 향해 나아가려는 자세야말로 우리 모두에게 꼭 필요할 것이다.

2장

나와
잘 지내기로
선택했다

1

과거는 아무 힘이
없다

이른 아침 이제 막 시작되는 봄의 화창한 기운을 받으며 차를 마시고 있었다. 열어놓은 창문사이로 나뭇가지 위에 앉은 새들의 지저귀는 소리가 들렸다. 들어오는 반짝거리는 햇볕이 따뜻했다. 이렇게 일찍 일어난 적이 있었는지 기억을 더듬어도 떠오르는 순간이 없었다. 오늘 나는 6시에 일어났다. 집에 굴러다니는 노트를 찾아 생생한 기분을 적었다. 대단한 일을 한 것 같아 꼭 기록해둬야 할 것 같았다. '성취감이란 이런 것인가!' 단숨에 써내려간 글을 읽으며 삶이 경이롭기까지 했다. 이제 매일 6시에 일어나서 이런 기분을 만끽할 수 있다면 내 인생은 틀림없이 성공할 것이라는 확신이 들었다. 다음 날도 6시는 아니지만 평소보단 일찍 일어났다. 어제만큼은 아니었지만 기분이 좋았다. 삼일 째 되는 날은 좀 뒤척이며 일어났다. 어젯밤에 아이 때문에 자다 깨서 그런지 좀 피곤했다. 이런 상황에 6시에 기상을 하면 왠지 종일 기운이 없을 것 같았다.

'좀 더 잘까? 7시에 일어나도 되잖아? 아니지 그래도 작심삼일로 만들 순 없지.' 하며 일어났다. 내가 바로 끄지 않은 알람 때문인지 아들도 같이 일어났다. '그래그래 좀 더 자자!' 아이를 토닥토닥하며 같이 잠이 들고 말았다. 평소 일어나야 할 시간보다 더 늦게 일어났다. 아이들 학교가 늦을까 허겁지겁 챙겼다. 아들에게 늦장부리지 말고 빨리 먹으라고 다그치며 내 입에도 식빵을 쑤셔 넣었다. 사실 며칠 전, 건강식을 하겠다며 밀가루 음식을 최대한 자제하기로 마음먹었지만 그런 다짐 따위 순식간에 무너졌다. 물론 배가 고파서가 아니라 짜증이 나서였다.

그날 새벽 기상을 하기 어려운 상황이긴 했다. 엄마로서 어린 아들이 충분히 잘 수 있도록 안정감을 주는 일은 중요하지 않은가? 하지만 그 후에는? 아들이 잠들고 나서는 다시 일어날 수 있는 것 아니었나? 꼭 그렇게 같이 자야만 했을까?

나의 과거를 돌아보면 작심삼일이라는 단어와 굉장히 친숙한 경험이 많다. 운동을 하고 싶어 등록한 헬스장에 정확히 3일 나가고 가지 않았다. 일본어를 배워보고 싶다고 산 일본어 책은 삼일 정도 열심히 끼적이곤 마치 새 책 마냥 책장에 꽂혀 있다. 재봉틀을 배워보겠다고 등록한 강좌도 한 삼일 가서 치마스케치만 그려놓고 나가지 않아 정작 재봉틀은 돌려보지도 못했다. 이곳에 나의 완벽한 실패들에 대해 기록하라면 끝도 없을 것이다. 그때마다 나는 나란 사람에게 실망했고, 새로운 결심을 자랑했던 주변 사람들이 나의 실패를 눈치 챌까 봐 불안했다.

'이번은 다른 것 맞아? 또 금방 포기하지 않을 거야?', '애초에 시도를 하지 않으면 편하지… 뭘 또 해보려 그래? 너는 아침형인간이 아니야. 그래 가지고 무슨 자기계발이냐…' 생각에 생각이 꼬리를 물고 나를 괴롭혔다. '그래 내가 무슨! 작심삼일이 더 어울리지… 그렇지 나는 그런 사람이지….' 마음이 어지러웠다. 나를 비판하는 소리가 머릿속에서 떠나지 않았다. 한 번 실패로 스스로를 다그쳐서 그만두게 만들 증거라도 찾는 듯 말하고 있었다.

사람들은 흔히 스스로를 다그쳐야 더 강한 사람이 될 것이라고 생각한다. 이런 생각은 잘못되었다. 여러 연구에 따르면 자기비판은 언제나 동기부여를 약하게 하고 자기절제력이 부족하게 만든다고 한다. 다이어트 연구가인 재닛 폴리비와 C. 피터 허먼이 만든 용어인 '알게 뭐람 효과'라는 말이 있다. 다이어트 시 작은 실수를 하나만 저질러도, 즉 피자 한 입을 먹고 마음이 상해 피자 한 판을 먹어치우는 것 같은 행동을 말한다. 도전 과제가 무엇이든 유혹에 굴복하고 자신을 부정적으로 인식하게 되면 무언가 기분이 나아질 만한 행동을 하고 싶어지는 충동을 느끼게 된다. 내가 새벽 기상에 실패하고 평소 먹지 않겠다고 결심한 식빵을 먹게 된 것처럼 말이다. 자기비판의 반대말이 자기연민이다. 자기연민은 스트레스와 실패의 상황에 자신을 우호적이고 친절하게 대하는 감정이다. 이런 감정은 동기부여를 강화하고 자제력을 길러준다고 밝혀져 있다.

그때 나의 상황을 돌아보면 나는 삼일동안 평소에 하지 않던 새벽 기상을 하며 피로가 축적된 상태였다. 일찍 일어나려고 했지만 어린 아들도 같이 일어난 상황이란 어려움도 있었다. 새로운 습관을 갖는 것은 여러 가지 상황과 환경에 영향을 받는 일이다. 자기 절제력도 많이 필요하다. 그런 상황에서 하루 실패를 맛봤다고 스스로를 비난하고 과거의 경험까지 끄집어 자기비판을 하는 것은 남은 의지마저 고갈시킨다.

자기용서라는 표현이 있다. 사람들에게 자기용서라는 말은 스스로를 나약하게 만드는 변명같이 들릴지 모르겠다. 정말 자기용서는 자제력을 잃게 만들까? 자신을 용서한 사람들은 자책감을 내려놓고 다시 도전하기를 주저하지 않는다고 한다. 실패에서 회복하려고 할 때 자기용서가 도움이 되는 이유는 지난 일을 떠올리며 드는 수치심이나 고통에서 자유로워지기 때문이다. 좌절을 경험하면 나쁜 감정이 드는 것은 당연하다. 자기비판은 그런 감정을 더 깊어지게 한다. 자기용서를 하게 되면 내가 왜 실패했는지 원인과 과정을 돌아보기가 쉬워져 같은 실패를 반복하지 않게 할 가능성이 높아진다. 그렇다면 어떻게 해야 실패를 경험하고도 자기를 용서하기가 쉬워질까?

첫 번째는 스스로의 기분이 어떤지 왜 그런 기분이 드는지 유심히 살펴보는 것이다. 어떤 감정이 드는가? 몸의 상태는 어떤가? 혹시 자기비판의 감정이 들진 않는가? 물어보면 기분을 알 수 있다.

두 번째는 남이 한 실수라고 생각해보라. 뭐라고 위로하겠는가? 용기를 줄 수 있는 말을 찾아 격려해보자. 이런 관점은 나를 좀 더 객관적으로 바로 볼 수 있게 도와준다. 친구에게도 "네가 그럼 그렇지 게을러서 그렇잖아!"라고 말할 수 있는가? 좀 더 친절한 표현으로 나를 위로해보자.

세 번째는 나 자신을 있는 그대로 받아들이자. 사람은 누구나 도전하고 실패하고 다시 일어선다. 인생이 원래 그렇지 않은가? 나에게만 괴롭고 어려운 문제가 발생하는 것은 아니라고 생각하면 좋겠다.

"넘어진 곳이 아니라 미끄러진 곳을 보라."는 아프리카 속담이 있다. 실수에 연연하지 말고, 실수를 하게 만든 원인을 살펴봐야 한다는 말이다. 실수했을 때 행동에 책임감을 갖으려면 어떻게 해야 할까? 목표를 수정하고 다시 도전해보는 것이다. 지나간 과거는 돌릴 수 없지만 다가올 미래는 충분히 바꿀 수 있다. 과정을 돌아보며 원인을 찾고 다시 같은 실패를 반복하지 않도록 방법을 생각해 보면 도움이 된다.

어릴 때 우리는 그럴 필요가 전혀 없을 때에도 스스로를 비판하고 회의감을 갖기 쉽도록 교육 받았다. 이젠 그런 목소리에 귀를 기울이기보다 나를 믿어주는 친한 친구처럼, 나에게 용기를 주는 멘토처럼 자신을 대해보면 어떨까?

1999년 데니얼 카너먼이 연구 발표한 '피크엔드 효과(Peak-end Effect)'라는 것이 있다. 과거 경험을 평가할 때 개별적 경험이나 지속 시간을 종합하기보다 감정이 가장 고조됐을 때(Peak)와 가장 최근의 경험(End)을 중심으로 기억한다고 한다.

나도 최근 피크 엔드 효과를 경험했다. 아들이 이가 썩은 것 같아 급히 어른 치과에 데리고 갔다. 사는 곳에서 어린이 치과가 멀어 급한 김에 가까운 어른 치과에 간 것이다. 결국 아들이 너무 힘들어해서 그날 치료도 다 받지 못하고 치과를 나왔다. 아들은 "나 치과 싫어! 다시는 치과 안 올 거야!"라며 울었다. 그 후 친구에게 추천을 받아 어린이치과에 다시 가게 되었다. 그곳은 간호사선생님이 꼭 유치원 선생님처럼 친절한 말투로 자세히 설명을 해주셨다. 게다가 원하는 만화를 치료시간 내내 큰소리로 틀어주고 끝나고 치료를 잘 받았다고 장난감 자동차까지 주셨다. 아들은 이제 치과를 어떻게 생각할까? 아주 좋아한다. 최근의 경험이 좋으니 다 좋게 기억하는 것이다. 이처럼 마지막이 좋으면 다 좋게 기억하게 되는 사람의 특성을 기억하자. 내가 그동안에 어땠는지 기억하며 '실패자', '루저'라 생각하며 스스로를 힘들게 만드는 것을 그만둘 수 있다. '바보 같은 시도 그만둬! 너는 안 돼!' 비판의 목소리는 이제 무시하자.

새벽 기상에 실패한 다음 날 내가 어떻게 했을 것 같은가? 다음 날도 나는 6시에 알람을 맞춰놓았다. 차를 마시며 고요한 새벽시간을 느끼는 것이 늦게 일어나서 허둥대는 것보다 좋았기 때문이다. 엄마가 사라진 걸 알고 아들이 종종 일찍 깨는 것을 방지하기 위해 책상을 침실로 옮겨놓았다. 예쁜 통에 티백도 몇 개 넣어 책상에 놓고 보온통도 준비했다. 목표가 중요하면 계속 노력하게 된다. 지금 이 순간 조금이라도 더 노력한다면 목표는 한층 더 가까워진다. 나의 형편에 맞게 편안한 기분으로 하루를 보내는 것이 무엇보다 중요하다. 끝이 좋으면 다 좋은 것 아니겠는가?

2

있는 그대로 나를
바라보기를 선택하다

13살 나이 미국 서부로 영어 캠프를 갔을 때의 일이다. 엔탤롭 캐니언을 앞에 두고 가이드 선생님이 말씀하셨다. "갈 수 있는 사람만 빨리 다녀오기로 하자! 누구부터 갈래?" 좁디좁은 벽이 굽이굽이 아주 가파르게 이어져 있는 협곡이었다.

함께 갔던 일행 중 가장 어린 나이였지만, 나는 멋지게 그 협곡을 지나고 싶었다. 도전적으로 치고 나가는 한 언니를 따라 한 발 내디뎠는데 숨이 턱 막히는 것 같았다. 벽이 굉장히 좁았고 끝없이 보이는 협곡도 너무 무서웠다. 힘차게 지나가고 싶은 마음과 다르게 도중에 그만두어야 했다. 그때 처음으로 깨달았다.

'내가 되고 싶은 사람과 나는 다를 수 있구나!'

같이 온 중·고등학교 선배 중 나는 성격이 활달하고 잘 웃는 한 언니를 담고 싶었다. 나에게는 없는 수더분하고 털털한 모습이 멋지게 느껴졌다. 남자아이 같이 짧게 자른 머리카락을 하고도 매력적인 그녀가 예뻐 보였다. 발표도 척척하고 사람들을 리드하는 모습에 카리스마마저 느껴졌다. 캠프 내내 나는 그 언니의 특징을 따라 했다. 쾌활한 모습을 흉내 내어 보기도 하고 큰 소리로 말하는 연습도 했다. 그러다 주말 액티비티 프로그램에 참여해 그랜드 캐니언을 가게 되었다. 금빛모래 벽이 장관인 그곳에서 나는 인생의 진리를 깨달았다.

"다른 사람의 장점을 놓고 따라가려고 나를 채찍질 할 필요는 없다."

나는 내향적인 사람이다. 내향적인 사람과 외향적인 사람에 관한 용어는 1921년 칼 융이 본인의 저서 『심리 유형』에서 소개한 후 지금까지 우리에게도 익숙한 개념이다. 마이어브릭스 성격 검사(MBTI)를 해본 적이 있다면 이 개념을 알 것이다. 심리학자들은 내향적인 사람과 외향적인 사람의 일 처리 방식이 다르다는 점에 동의한다. 이는 성격에도 영향을 미친다. 내향적인 사람들은 가족이나 가까운 동료, 친구에게 에너지를 집중한다. 말하기보다는 듣고 말하기 전에 생각을 많이 한다. 글로 표현하는 것을 즐기고 갈등을 좋아하지 않는다.

반면, 외향적인 사람들은 강력한 자극을 좋아하고 새로운 사람을 만나는 것을 즐긴다. 일을 빠르게 처리하는 것을 선호하고 동시에 여러 가지 일을 하면서 위험을 감수하기를 주저하지 않는다. 듣기보다는 말하기를 좋아하고 결코 말하려고 하지 않은 얘기를 꺼낼 때가 종종 있다. 갈등은 문제가 없지만 외로운 것은 참을 수 없다. 당신은 외향적인 사람일 수도 내향적 사람일 수도 있다. 2가지 특징을 다 가진 양향적인 사람일 수도 있다. 인간은 복잡하기 때문에 환경과 개인사로 실제로 다양한 모습이 상황에 따라 만들어질 수 있다. 여기서 한 가지 통찰을 가지고 갈 수 있다면 좋겠다. 그것은 바로 '내 모습 그대로를 받아들여도 괜찮다.'이다.

앞서 내가 캠프에서 만난 언니는 아마 외향적인 사람이었을 것이다. 당시에는 몰랐지만 나는 내향적인 사람이다. 우리는 그저 달랐을 뿐인데 나는 나와 다른 그녀의 모습에 매력을 느꼈던 것이다. 외향적인 사람들이 멋있게 보이는 것은 나만이 아니다. 학창 시절 반장선거 때 앞에 나가 떨지 않고 멋지게 발표하는 아이는 부러움의 대상이었고 선생님의 사랑을 독차지했다. 두 성향 모두 장점과 단점이 있고 중요한 것은 있는 그대로의 나의 모습을 이해하고 받아들일 수 있는가이다.

학원을 그만해야겠다 결심하고 며칠은 해방감이 들었다. 한동안은 아무 생각 없이 하고 싶은 것을 하려고 했다. 그렇지만 무엇을 하려고 해도

다 돈이 필요했다. 어떤 것을 배우려고 해도 하던 생활을 유지하기 위해서도 돈이 없으면 안 되겠다는 생각이 들었다. 마음이 조급해졌다.

어느 날 우연히 유튜브에 뜬 채널을 보게 되었다. 5만 원권 지폐의 주인공 신사임당과 이름이 같은 채널이었다. 그는 스마트스토어로 돈 버는 방법을 친절히 설명해주었다. 자기 친구도 같은 방법으로 성공시켜 어엿한 사업가로 만들어준 것으로 유명했다. 인터넷 사업에 성공한 여러 사람의 사례도 영상으로 확인 할 수 있었다. 신기하기도 하고 부럽기도 했다. 어쩜 나오는 사람마다 억 소리 나게 돈을 번다고 했다. 사무실도 없이 장소 구애도 받지 않고 많은 돈을 번다는데 나도 해보자 결심했다. 신사임당의 방법을 그대로 따라 했다는 사람의 영상을 보고는 나도 하루 종일 다시보기를 하며 공부했다. 영상을 보면 볼수록 괴로웠다. 장소의 구애가 없다더니 제주도에 사는 내가 하기에 한계가 많이 느껴졌다. 통계를 내고 반복 작업을 해야 하는데 나랑은 영 맞지 않는 것 같아 더 답답했다.

'남들은 저렇게 돈도 잘 버는데 나는 왜 못하는 거야!'

내가 어디 잘못된 것은 아닌가 하는 생각이 들며 분하기까지 했다. 과연 내가 잘못된 것일까? 그 일이 그저 나와 맞지 않는 것은 아닐까? 열정을 가지고 할 만할 일인지를 판단하는 기준이 돈이 되었을 때 어떤 결과가 나오는지 알만도 한데 나는 같은 실수를 반복하고 있었다. 나의 성향을 파악하고 꼭 맞는 모습으로 살아가는 일은 이렇게나 어렵다.

며칠 전 아들이 다니는 유치원의 부모 교육 시간에 MBTI 검사를 하게 되었다. 강사님의 설명을 듣고 검사지에 하나씩 채워 나갔다. 놀랍게도 40여명의 학부모는 MBTI의 16가지 성격유형별 특성을 적절히 분포해 가지고 있었다. 오후 순서는 같은 유형의 사람들끼리 모여 앉아서 하는 그룹수업이었다. 나는 이미 내가 속한 유형에 한국 여성이 많이 해당되지 않다는 것을 알았기에 아무도 없을 줄 알았다. 예상과 달리 부모교육을 온 한 아버님과 같은 조가 되었고 어색한 침묵을 깨기 위해 내가 질문을 던졌다.

"아버님, 이전에 MBTI검사 해보신 적 있으세요?"
"네, 그런데 저는 이런 걸 별로 믿지는 않아요. 이런 틀에 나를 맞추는 건 질색이라서요."

그저 대화를 시도하고 싶은 마음에 드린 질문이었지만 대번에 믿지 않는다는 아버님의 대답에 내 생각을 이야기했다.

"그래요? 꼭 틀에 맞춘다기보다 나를 이해하는 데 도움이 되지 않을까요? 지금은 부모교육 시간이니 우리 아이들을 이해하기 위한 방법이 될 수도 있을 것 같고요."

어떤 이들은 칼 융을 구닥다리라고 하고 어떤 학자는 융이 정확히 판단했다고 한다. 중요한 것은 믿고 말고의 문제가 아니라 성격의 특성을 이해하고 세상과 자신을 바라보는 새로운 관점을 가질 수 있는지이다. 부모 교육이 끝나고 평소 알고 지내던 학부모가 나에게 다가와 말했다.

"○○엄마 I(내향형)에 앉아 있어서 놀랐어. 당연히 E(외향형)일 줄 알았거든."

나도 내가 당연히 외향형이라고 생각한 적이 있었다. 기회가 있을 때마다 발표를 도맡아하고 주말마다 친구들과 약속을 잡고 모임에 나가 나의 이야기를 많이 하곤 했다. 그럴수록 나는 소위 기가 빨렸다. 그땐 그게 나다운 것이라 생각했고 정말 나에게 어떤 것이 맞는지 고민해보려 하지 않았다. 좋아 보이는 것이 좋은 것이라 여기며 별 의심 없이 그대로 따랐다. 평생 나는 '시티 걸(City girl)'이라 말하며 시골생활은 맞지 않다고 생각했다. 그런 내가 지금 제주도 조용한 시골마을에서 이렇게 글을 쓰고 있게 될 줄은 몰랐다. 복잡한 도시를 벗어나 나에게 집중할 수 있는 시간이 많은 것에 크게 만족한다. 가족과 가까운 사람들과 가끔 만나 의미 있는 이야기를 나누는 것이 즐겁다. 나는 예전보다 잘 지내고 있다는 걸 느낀다.

"심리학자가 정해놓은 틀 따위에 나를 가두고 싶지 않아. 사람 사는 게 다 비슷하지 남과 뭐 그리 다르겠어."라고 생각하는 사람일수록 진짜 자신을 파악하지 못하고 있을 때가 많다. 남과의 사소한 차이를 이해하는 것도 매우 중요하다. 다른 사람을 불필요하게 오해하지 않고 이해하도록 돕기 때문이다.

내향적인 나의 성향을 이해하고 받아들이면서부터 스스로의 한계를 인정하고 극복할 방법을 찾으려고 노력하게 되었다. 혼자 글을 쓰는 것을 좋아하지만 일을 하기 위해, 대중 강연을 하거나, 인맥을 쌓는 일도 꼭 필요하다고 느낀다. 어려운 일이라는 생각이 들면 시간을 들여 쉬워질 수 있도록 교육을 받고 연습도 한다. 필요한 외향적인 모습은 인정하고 발전시킨다. 모든 일이 끝난 저녁 거실 소파에 늘어져 와인 한잔하며 회복의 시간을 갖는다.

세상엔 다양한 요리가 있고 저마다 꼭 필요한 재료가 맛을 좌우한다. 온갖 비법 소스를 다 집어넣는다고 맛있는 수프가 만들어지는 것은 아니다. 육수가 잘 우러나야 맛있는 수프를 만들 수 있는 것이다. 나에게 맞는 재료를 잘 찾는다면 맛있는 요리를 탄생시킬 수 있다. 나는 셀프코칭을 통해 내가 가지고 있는 재료를 잘 들여다볼 수 있었다. 있는 그대로의 나를 바라보는 연습을 하게 된 것이다. 셀프코칭의 시간을 갖다 보면 나의 강점이든 약점이든 인정하고 받아들일 수 있게 된다. 정말 중요한 것은 원하는 모습이 되는 것보다 진정 내 모습을 찾는 것 아닐까? 내가 진짜 원하는 것이 무대의 스포트라이트인지 등불 켠 책상 앞 편안함 인지 알 수 있는 것은 나뿐이다.

3

모래알 같은 불평이
하루를 망친다

여기 미국 세인트루이스에서 태어난 한 여성이 있다. 세 살 때 부모의
이혼으로 인종차별이 심한 남부 아칸소 주의 스탬프스에 보내져 생활력
강한 친할머니 손에 자라게 된다. 여덟 살 때 다시 어머니와 세인트루이
스에서 살게 되지만 어머니의 남자친구에게 강간을 당하고 만다. 그 일
로 법정에 서게 되고 자신을 강간한 사람이 살해된 것을 알고 충격에 실
어증까지 걸려 5년간 말을 하지 않게 된다. 이웃 여성의 도움으로 문학
에 눈을 뜨고 동네 도서관에서 시와 문학에 파묻혀 지낸다. 인종차별에
항의하며 십대에 샌프란시스코 최초의 흑인 전차 차장이 되었고, 트럭운
전을 하며 어렵게 고등학교에 진학한다. 열여섯 살 나이에 임신하여 미

혼모가 되지만, 웨이트리스, 댄서, 요리사, 가수 등의 일을 하고 창녀촌의 '마담' 노릇까지 하면서 책임감 있게 아들을 키운다. 이 이야기의 주인공은 미국 전 대통령 오바마와 오프라 윈프리의 멘토로 유명한 시인이자 소설가 마야 엔젤루의 이야기이다. 그녀가 한 유명한 명언이 있다.

"당신 마음에 들지 않는 것이 있다면 그것을 바꾸어라. 그것을 바꿀 수 없다면 당신 마음을 바꾸어라 불평하지 마라."

가만히 그녀의 성장 스토리를 돌아보면 '불평을 하지 마라'라고 말한 그녀의 말의 무게를 느낄 수가 있다. 당신은 어떤가? 불평을 자주하는 편인가? 예상할 수 있겠지만 나는 불평을 입에 달고 사는 사람이었다. 내가 불평을 하는 것은 현실적이기 때문이라고 생각했다. 불평이라기보다 비평(?) 정도라고 여겼다. 글쎄, 이정도의 비판의 말은 누구나 하는 거라고 생각했다. 반면 나의 남편은 천성이 긍정적인 사람이라 불평하는 것을 본 적이 별로 없다.

하루는 나의 불평 메이트인 언니와 남편 이렇게 셋이 식당에 갔다. 가려던 곳이 문을 닫아 아무 곳이나 들어갔다. 식당은 한산한 분위기를 풍기는 것이 별로 맛있을 것 같지가 않았다. 역시나 주문한 백반의 국은 차가웠고, 조기는 멸치 같이 작았다. 김치며 나물 모두 일관성 있게 맛이 없었다. 언니와 나는 가게를 나오자마자 기다렸다는 듯 불평을 쏟아냈다.

"아! 여기 오지 말걸 그랬어!"

"너무 맛없다. 안 그래도 맛없을 것 같더니 진짜 맛없어."

"아니 생선이 그게 조기야 멸치야, 김치도 시어 꼬부라졌어."

"나 국 차가운 거 진짜 싫어하는 거 알지. 국 때문에 입맛 버렸어."

한참을 듣고만 있던 남편이 말했다.

"이 가게에 다시 안 가면 되지 않을까? 그렇게 말하는 게 더 힘들지 않아?"

우리가 신기하다는 듯 쳐다보며 악의 없는 표정으로 말하는 남편의 말에 한 대 얻어맞은 것 같았다. 그렇다. 그 식당의 음식이 맛이 없었다면 즉시 나와서 다른 곳으로 갈 수도 있었다. 그냥 먹었다면 '다시 올 곳은 못 되겠군.' 생각하며 안 가면 그만이다. 그 상황을 곱씹으며 화를 낸다고 해서 바뀌는 것은 없다. 불평이 우리에게 어떠한 도움도 가져다주지 않는 다는 것쯤은 누구나 잘 안다. 그렇지만 우리는 꼭 불평을 해야만 할 것 같다. 나의 불평 메이트 언니는 기분 나쁜 일이 생기면 최소 다섯 명에게 이야기를 해야 즉성이 풀린다고 말한다. 이렇게 불평을 하지 않으면 안 되는 이유는 뭘까? 이는 우리가 불평을 통해 두 가지를 얻을 수 있기 때문이다.

하나는 동정심이다. 여자들은 종종 모여 남편 걱정을 한다. 순수한 걱정에서 시작한 대화는 이렇게 흐를 때가 많다. "내 남편은 정말 이기적이야. 어제 술 먹고 카드 값을 얼마나 쓴 줄 알아?" 그럼 상대는 이렇게 말한다. "네 남편은 양반이야, 내 남편은 자전거를 산다고 지난달에 얼마를 쓴 줄 알아? 이기적인 걸로 따지면 내 남편이 이기고도 남아." 이 둘은 이렇게 동병상련을 느끼며 진짜 고통을 나누는 찐친이 된다.

다른 하나는 허락이다. 여자들은 모여서 빠지지 않고 건강 걱정을 한다. 대화는 항상 이런 식으로 흐른다.

"나 진짜 살쪘잖아. 스트레스 받아서 매일 야식 먹었더니 3kg이나 쪘어. 얼굴 터질 것 같지?"

"아니야, 네 몸매의 3kg는 티도 안 나. 스트레스 받을 때는 먹어야지 참으면 병 된다."

친구가 걱정스러운 표정으로 바라보며 이런 말을 해주면 진짜 야식을 계속 먹어도 될 것처럼 느껴진다. 우리는 타인의 관심을 얻으려고 때론 당연히 해야 할 일을 하지 않기 위해 불평을 한다.

불평을 하는 것은 원하지 않는 것을 입 밖으로 표현하는 일이다. 우리는 불평하면서 원하는 대로 되지 않는 것에 초점을 맞추게 된다. 철학자 마르쿠스 아우렐리우스는 "우리의 인생은 우리의 생각이 만드는 것이다."라고 했다. 생각이 삶을 만들어가고, 삶을 만들어가는 것은 생각에서 비롯된다는 당연한 진리에 나는 적잖이 놀랐다.

내 남편이 자주 하는 말이 있다. "아임 럭키 가이." 우리가 처음 만났을 때부터 자신이 행운아라고 말하고 다녔다. 그는 정말 낙천적이고 긍정적이다. 그래서인지 그는 원하는 것을 착착 손에 넣는 것 같다. 행사 경품에 쉽게 당첨되는 것은 물론 이직을 원할 때마다 성공했다. 심지어 항상 더 좋은 곳으로 옮겼다. 작은 외국계 회사 영업직에서 대기업 구매파트로 옮기더니 지금은 S그룹 MD로 일하고 있다. 책을 써야겠다고 말하더니 곧 출판을 하고는 방송이며 유튜브에 출연할 기회를 얻었다. 혼자 많은 노력을 한 것은 알지만 정말 일이 술술 풀리는 것 같이 느껴진다. 그에게 이런 기회들이 온 것은 자기 스스로 럭키 가이라고 말함으로써 가능했던 것 아닐까? 생각에는 에너지가 있다. 우리가 말을 바꾸고 생각을 바꾼다면 인생도 바뀔 수 있는 것이다. 예수님도 말씀하셨다. "찾으라. 그러면 얻을 것이다." 우리가 불평을 하는 것은 원하지 않는 것을 말해 끌어당기는데 에너지를 쓰는 것과 같은 것이다.

불평꾼이던 내가 이런 글을 쓰고 있다는 것이 스스로도 굉장히 놀랍다. 갑자기 불평을 그만둬야겠다고 생각한 계기는 정말 단순했지만 그 신호는 매우 강력했다.

그날도 저녁 식탁에 앉아 밖에서 있었던 일을 신나게 불평하고 있었다. 출근길에 신호가 계속 걸린 아주 작은 일부터 학원생들이 지각한 일, 컴퓨터가 말썽이었던 일 등을 말하면서 나의 화를 '풀고' 있었다. 초등학생 딸도 나와 비슷한 말투로 학교에서 있었던 안 좋은 일들을 이야기했다. 그런데 신기하게도 내가 할 땐 모르던 불편한 감정이 느껴졌다. 은연중에 나의 말투를 따라 불평을 하고 있는 딸을 보고 깜짝 놀랐다. 내가 아이들에게 저녁시간은 하루에 있었던 일을 불평하는 자리라고 가르치고 있었다는 사실을 깨달았다. 나는 그런 생각을 물려주고 싶지 않았다. 나의 아이들에게 좋은 본보기를 보여주고 싶었다. 나는 가족과 함께하는 시간을 뜻대로 되지 않았던 일을 되새기는 데 쓰지 않고 감사하고 즐거웠던 기억을 나누게 만들고 싶었다. 아직도 나는 열심히 '불평 안하기'를 실천하는 중이다. 아무래도 부정적인 이야기를 하게 될 것 같은 날은 말을 아끼게 된다.

여기까지 쓰고 나니 그럼 "앞으로 당신은 불평을 아예 안 하고 살 수 있다는 말인가?"라는 의심의 소리가 들려오는 것 같다. 내가 불평을 하지 않으려고 하는 것은 나를 변화시키기 위한 노력을 한다는 뜻이다. 그럼에도 불만을 느낄 때는 어떻게 해야 할까? 사실, 불만은 변화의 시작이 될 수 있다. 불만을 느끼지 않는 사람이 변화를 만들기란 어려울 것이다. 실제로 불편을 포착하고 변화를 시도한 사람들의 성공 스토리에 우리는 익숙하다. 그렇지만 불평을 하는 것과 불만을 갖는 것은 다르다. 불만을 시작으로 문제의 해결책을 이끌어 낼 수 있다면 변화의 기회를 잡을 수 있지만 대게 불평은 거의 불평에서 끝나는 경우가 많다. 그렇다면 불평만 하는 사람이 되지 않으려면 어떻게 해야 할까?

첫째는 원하는 것에 대해 이야기한다. 불평하며 스스로를 희생자로 만들지 말고 원하는 것을 말하고 가질만한 자격이 있다고 믿어보자. 그런 노력만으로 우리는 원하는 바에 쉽게 다가갈 수 있다.

"그렇게 먹으니 살이 안 찌니!" → "날씬한 몸이 되고 싶다. 이렇게 먹고 싶지 않아."

"이러니 남자친구가 없지." → "남자친구를 갖고 싶어! 어떻게 하지?"

"돈 없어서 못하겠네!" → "이거라면 돈을 써도 아깝지 않지!"

둘째는 감정 언어로 표현하자. 우리가 느끼는 감정은 당연한 것이다. 때론 슬플 수도 있고, 화가 날 때도 있다. 그럴 때 건강하게 감정을 표현하면 좋다. 아이들과 말할 때 '나' 대화법(타인을 공격하지 않고 문제에 대한 자신의 느낌을 말하는 것)이 좋다는 이야기를 들어봤을 것이다. "엄마는 ○○○해서 화가 났어. 엄마는 슬프단다.", "네가 열심히 해서 엄마는 기쁘다." 방금 일어난 일에 대한 느낌을 말로 정리해보면 스스로를 돌아볼 수 있고 화가 가라앉게 도와준다. 내가 느낀 기분을 상대도 이해할 수 있도록 만들 기회도 생긴다.

이렇게 불평하지 않으려는 노력을 하다 보면 사람들이 불평할 때 알아차릴 수 있게 된다. 불평이란 방법으로 행운을 밀어내지 않고 스스로를 보호할 수 있는 것이다. 불평을 안 하면 대화 중에 조금 재미없는 사람이 될지 모른다. 남 걱정만큼 흥미로운 대화주제가 없기 때문이다. 그러나 다른 사람이 험담이나 불평을 할 때 꼭 똑같이 맞장구쳐야 할 필요는 없다. 스스로가 가식적으로 느껴질 때 나를 셀프코칭하면서 자주 이렇게 말한다.

"나 자신을 위한 노력이고 남의 사소한 평가에 모두 연연할 필요는 없다."

당신도 이 작은 결정으로 건강한 자아를 찾고 멋진 미래를 만들어낼 수 있다. 불평의 말이 세어 나오려고 할 때 나는 앞서 언급한 마야 엔젤루의 말을 기억한다. 나의 상황이 아무리 나빠도 그녀의 상황에 비하면 아무것도 아니지 않은가? 그녀가 해냈다면 우리도 할 수 있다.

꼬리에 꼬리를 무는
생각 버리기 연습

당신은 생각이 많은 사람인가? 우리는 때론 어떤 생각이 머릿속에 한 번 떠오르면 결론이 날 때까지 꼬리에 꼬리를 물고 끊임없이 생각하곤 한다. 그 때문에 잠을 자다 깨기도 하고 편두통이 생기기도 한다. 또 남들에게 예민한 사람으로 비춰지기도 한다. 나도 그런 사람이었다. 지나치게 많은 생각이 머릿속을 가득 채우는 느낌이 늘 불편했다. 작은 일에도 다른 이의 반응을 살피느라 전전긍긍하고, 아까 그 사람의 의도가 뭔지 내 잘못은 없었는지 되돌아보곤 했다.

얼마 전에는 이런 일이 있었다. 나는 책 쓰는 작업에 열중하고 있었다. 아이를 데리러 갈 시간이 된 것 같아 핸드폰을 보니 부재중 전화가 두 통와 있었다. 비슷한 시각에 연달아 걸려온 전화였다. 종종 만나 맥주도 한 잔씩 하는 아들 친구 엄마들이었다. 둘이 같이 있는 것 같아 한 엄마에게 전화를 했다. 둘은 역시 같이 있었고 아이 픽업 후 뭐 먹으러 가려고 하는데 나도 같이 갈지 물었다. 나는 집에서 기다리는 큰아이가 있어 선뜻 대답하지 못하고 아들을 픽업하고 전화하겠다고 했다. 내가 다시 전화를 했을 때 둘은 이미 헤어져 각자의 집으로 갔다고 했다. 나는 그때 불안한 생각이 들어 아이들 저녁을 먹인 후 공원에서 만나자고 제안했다. 둘 다 전화로는 알겠다고 했지만 저녁을 먹이는 중에 '다음에 만나자'는 문자가 왔다. 나는 선뜻 전화를 하지 못하고 생각했다.

'내가 아까 빨리 대답을 안 해서 만나고 싶지 않은 건가?

'요즘 내가 바쁘다고 부쩍 둘이 어울리더니 나한테 어떻게 이럴 수가 있지?'

'저번에도 전화를 못 받아서 둘만 본 걸로 아는데 나를 싫어하는 것은 아닐까?'

'그럼 우리 아들이랑도 같이 놀지 못하게 하면 어쩌지?'

거기까지 생각하고 다시 문자를 봤다. 그냥 다음에 만나자는 말만 있지 다른 말은 없었다. 단순한 문자 하나에 나는 그들이 나를 싫어 한다는 결론을 냈고, 앞으로의 우리 아들의 교우관계 걱정까지 하고 있었다. 예전 같으면 혼자 생각의 나래를 펼치며 끝없는 고뇌에 빠졌을 것이다. 그러나 이제 나는 셀프코칭하며 간단한 2가지 질문으로 머릿속을 정리할 수 있게 되었다.

1. 내가 생각하는 그것은 진짜일까?
2. 그렇게 생각할 때 내 마음은 어떤가?

놀랍게도 이 질문만으로 스스로 생각을 바꿀 수 있고, 스트레스를 받는 상황에서 문제점이 어디에 있는지 찾아가게 도와준다.

내가 추측한 상황에 미뤄봤을 때 '그들은 나를 싫어한다'는 결론은 진짜일까? 가만히 생각해보면, 그들이 나와 공원에서 만나지 않겠다고 한 것으로 나를 싫어한다고 판단하긴 이르다. 애초에 둘이 집으로 돌아간 이유가 따로 있을 수 있다. 남편이 일찍 온다고 했을 수도 있고, 갑자기 아이들이 피곤했을 수도 있다. 그런 상황을 모르고 내가 다시 나오라고 했을지도 모른다. 그렇게 생각할 때 나의 마음은 어떤가? 너무 속이 상할 것 같았다. 생각이 거기까지 미치자 나는 전화를 걸어 물어보고 싶어졌다. 전화를 하니 정말 아들이 많이 피곤해 해서 일찍 잠들었다고 했다. 다른 한 명은 남편이 예정보다 일찍 오게 되서 저녁준비를 하느라 바빴다고 미안하다고까지 말해줬다. 전화를 받는 목소리가 반가웠다. 내가 걱정하는 일은 내 머릿속에서만 일어났던 것이다.

〈꼬리에 꼬리를 무는 그날 이야기〉라는 SBS예능프로그램이 있다. 이 프로그램의 흐름은 계속 이야기의 꼬리를 물고 다음 이야기로 그 다음 이야기로 말하는 화자가 바뀌는 것이다. 우리가 생각하는 것도 꼭 이렇다. 아이들 노래 '원숭이 엉덩이는 빨개'와 비슷하다. '원숭이 엉덩이는 빨개 빨가면 사과 사과는 맛있어 맛있으면 바나나 바나나는 길어 길으면 기차….' 이어지고 이어진다. 이 노래가 나쁘다고 생각하는 사람은 없을 것이다. 우리의 생각도 결코 나쁘지 않다. 그럼에도 우리가 생각 때문에 힘든 것은 감정이 들어가 있기 때문이다. 생각은 때론 죄책감도 주고 슬픔도 주고 두려움, 실망감도 준다. 이런 부정적인 감정은 좋지 않다. 이 굴레에서 벗어나는 가장 좋은 방법은 '생각은 생각일 뿐'이라는 사실을 믿는 것이다.

나는 1년 이상 매일 아침 5~10분씩 명상을 한다. 『당신의 삶에 명상이 필요할 때』란 책을 읽고 부터다. 책에선 생각을 멈추기 위해 명상 공부를 시작한 저자 앤디 퍼디컴의 경험이 나온다. 생각을 멈추는 상태에 도달하기 위해 매일 고군분투하던 그에게 스승은 생각이 찾아오는 것은 막을 수 없고 우리는 명상을 통해 알아차릴 수 있게 된다는 말씀을 하신다.

절에 가기 어려운 나는 유튜브에서 가이드 명상을 찾아 수련을 하곤 한다. 가이드 명상 속 선생님은 자주 이런 말씀을 하신다. "아 그런 생각이 들었구나." 나는 이 말이 그 스승님이 말씀하시는 '알아차림'과 같다는 생각을 했다. 어떤 생각이 들 때 '왜 이런 생각이 들었지?', '이런 생각 하지말자!' 할수록 더욱 그 생각에 빠져든다. 당장 "코끼리를 생각하지 마세요." 그러면 자동적으로 머릿속에 코끼리가 떠오르는 것과 같다. 그럴 때는 코끼리를 본 경험을 이야기하거나 그림이라도 그리고 나면 다른 생각으로 자연스레 흘러가게 된다.

우리의 생각은 크게 세 가지 정도로 분류할 수 있다. 내가 어찌할 수 있는 일, 다른 사람의 일, 누구도 어쩔 수 없는 일이 그것이다. 내가 지금 무얼 먹을까 생각하는 것은 내가 어찌할 수 있는 일이다. 김밥을 원하면 그것을 사먹든 만들어 먹든 할 수 있다. 내가 김밥을 만들었는데 남편이 또 김밥이냐고 하는 건 그의 생각이다. 맛있게 먹으면 좋지만 다른 것이 먹고 싶은 그의 생각을 내가 어찌할 수 없다. 내가 내일 김밥을 싸서 소풍을 가려는데 비가 오지는 않을까 걱정하는 것은 괜한 생각이다. 날씨는 누구도 어찌할 수 없는 것이지 않은가? 내가 어찌할 수 있는 일에 집중하는 것이 가장 좋다. 내가 할 일 외에 것을 생각하면 스트레스를 받는다. 애써 만든 김밥을 남편이 안 먹는다고 화를 내면 부부사이만 나빠진다. 내일 비가 올지 안 올지 걱정하느라 잠을 못자면 피곤해 내일 날이 맑아도 소풍을 가지 못할 수도 있다.

남편과 주말 부부인 우리는 마주 앉아 이야기할 기회가 많지 않다. 2주 만에 내려오는 남편을 버스정거장까지 데리러 갔다. 반가운 마음에 만나자마자 이야기를 쏟아냈다. 그동안 못다 한 아이들 이야기며 나와 내 친구 이야기까지. 문득, 남편의 얼굴을 쳐다보니 남편은 눈을 감고 있다. 그러고 보니 아까 만날 때 웃지도 않은 것 같다. 2주 만에 만나는 나를 보고 반가워하지도 않고 내 이야기에 귀 기울이지도 않다니 너무하단 생각이 들었다. 곧 입장을 바꿔 생각해보기로 한다. 서울에서 제주도까지 지하철 갈아타고 비행기 타고 버스까지 타고 막 도착한 사람이다. '많이 피곤한 거로구나.' 이런 생각이 들자 나는 다정하게 말을 건넨다. "오빠! 많이 피곤하지? 배고프겠다. 뭐 먹고 싶어?"

때로는 생각을 멈추기 위해 단순한 행동이 도움이 되기도 한다. 우리 집 식탁 옆에는 고지서나 안내문을 모아놓는 바구니가 있다. 어느 날 밤 물을 마시고 자려는데 그 바구니가 보였다. 고지서 기한이 다가오는데 아직도 내지 않았다는 것이 생각났다. 갑자기 마음이 무거워졌다. 당장 처리하면 좋겠지만 그랬다간 잠이 달아나버릴 것 같았다. 나는 휴대폰 캘린더를 켰다. 내일 날짜에 '고지서 처리'라고 쓰고 12시에 알람이 울리게 설정했다. 금세 마음이 가벼워졌다. 나는 편안한 마음으로 바로 잠자리에 들 수 있었다.

"생각이란 저절로 찾아온다는 사실을 배웠고 아무리 애써도 막을 수 없다."

『당신의 삶에 명상이 필요할 때』 작가 앤디 퍼디컴의 말이다. 우리는 저절로 찾아오는 생각에 빠져 허우적댈 수도 있다. 아니면 생각에 질문을 하고 바꾸려고 노력할 수도 있다. 혹은 그냥 '그런 생각이 드는구나!' 하고 내버려둘 수도 있다. 나는 작은 노력으로 셀프코칭을 하며 무엇이든 나에게 도움이 되는 선택을 할 수 있게 되었다고 믿는다. 당신도 지금 시작할 수 있다.

5

두려움이 꼭 불편한
친구는 아니다

추운 겨울 어느 날, 오랜만에 정장을 차려 입은 나는 종로 안국역을 나와 걷고 있었다. 스쳐가는 건물들이 웅장하고 자신의 색깔을 표현하는 듯 개성 있어 보였다. 화강암으로 된 하얀 외벽을 지나 철문으로 된 정문 앞에 다다랐다. 무거운 철문을 열고 들어가니 반질반질한 하얀 타일 바닥마저 나를 긴장시켰다. 처음이었다. 쭉 해보고 싶었지만 이렇게 행동으로 옮기기까지 정말 큰 용기가 필요했다. 그날은 공간디자인학과 면접 날이었다.

아이를 낳아 쑥쑥 자라는 모습을 지켜보면서 나도 정말 하고 싶은 일을 하며 성장하고 싶다고 느꼈다. 그러기에 늦은 때란 없다는 확신이 들었다. 이제 세 살인 딸아이는 어린이집에 다니니 무엇이든 충분히 할 시간이 있을 것 같았다. 집을 이사하면서 공간을 꾸미는 것의 매력을 느꼈다. 공간디자이너 과정을 알아보고 서류를 작성해 제출했다. 디자인 경험은 없었지만 이제부터 배우면 되리라. 막상 면접 날은 너무 떨렸다. 당시 나는 서른한 살이었다. 스무 살 아이들이 지원하는 과정에 30대는 나 하나밖에 없는 것 같았다. 면접장의 교수님 표정으로 짐작할 수 있었다. 내 얼굴을 한번 보고 서류를 한번 보시더니 대번에 이렇게 물어보셨다.

"애가 있어요? 아직 어리던데, 우리는 밤새는 과제가 많아요. 감당할 수 있겠어요?"

나는 잠시 말을 잃었다. 세상에나, 면접을 준비할 때 나오리라 예상하지 못한 질문이었다.

"아이를 돌봐주실 분이 있습니다. 정말 배워보고 싶습니다."

이후 면접이 어떻게 끝났는지 기억나지 않는다. 합격 통지를 받았지만 나는 그 과정에 가지 않았다. 아무도 내게 하지 말라고 말리는 사람은 없었다. 내가 하고 싶으면 할 수 있는 것이었다. 그런데도 내 머릿속에 면접관의 질문이 계속 맴돌았다. '감당할 수 있겠어요?'

'과정이 정말 힘든가 봐. 어린아이도 키우는 내가 어떻게 하겠어.'

'아이가 더 크면 해봐야 할까 봐.'

나도 모르게 미래의 실패를 예측하고 시작하지 못할 이유를 만들었다. 적절한 상황이 되면 그때 도전할 수 있을 것이라며 상황을 피하려고 했다. 두려움을 느끼지 않게 될 날이 올 거라 믿었다. 불행하게도 그런 날은 오지 않았고 그 뒤로도 한참동안 나는 디자인과정을 기웃거리며 망설이기를 반복했다.

두려움이 없는 사람이 용기 있는 것 같지만, 두려움이 없는 것은 어딘가 고장 난 것과 같다. 인간이 두려움이 없이 사는 것은 불가능하다. 우리는 이 사실을 알고 있으면서 아닌 척하며 산다. 어른이 될수록 사람들은 두려움이 정상적인 삶의 일부인 것을 받아들이지 않고 겉으로 드러내면 안 되는 것처럼 생각한다. 특히 독립심과 자립심이 강조되는 가정에서 자랐다면 두려움은 금기처럼 생각한다. 두려움을 다른 말로 표현하고 화를 내고 피하고 싶어 한다. 사실 두려움은 우리와 항상 함께 있으며 우리를 보호해주기까지 한다면 믿을 수 있겠는가?

『두려움의 재발견』이라는 훌륭한 책을 쓴 로버트 마우어 박사는 '두려움은 선물과 같다'고 말한다. 박사는 또 우리가 하는 일상의 많은 행동은 두려움을 피하고 싶어서라고 이야기한다. 이를 닦는 것은 나이 들어서도 오징어를 먹고 싶어서, 저축을 하는 것은 미래의 돈이 없는 불편을 겪고 싶지 않아서, 오늘 친구의 고민을 들어주는 것은 나중에 외로이 혼자이고 싶지 않아서 때문인 것이다. 이렇게 두려움은 우리 가까이에 있고 미래의 상황을 대비하게 도와준다. 그렇다면 우리는 어떻게 두려움을 좀 더 친숙하게 받아들일 수 있을까?

사실 새로운 영역에 도전하는 한 두려움은 늘 함께한다. 결코 사라지지 않는다. 이 두려움을 작아지게 만드는 오직 한 가지 행동이 있다. 이것은 바로 '직접 한번 해보는 것'이다.

공간디자인 과정을 포기한 뒤 집에서 계속 두려움을 피해 숨어만 있던 것은 아니었다. '아무 경험이 없는 디자인과 관련된 일이어서 무서웠던 것은 아닐까?', '영어 강사를 했으니 성인을 대상으로 강의를 할 수 있지 않을까?'라는 생각으로 CS강사 과정을 이수했다. 동기의 소개로 관련 회사에 금방 취직을 할 수 있었다. 교육을 받고 준비도 많이 했지만 처음으로 기업 강의를 하러가던 날을 아직도 잊을 수가 없다. 어른을 대상으로 하는 강의는 아이를 대상으로 할 때와 완전히 달랐다. 나보다 높은 연령대의 사람들도 잔뜩 앉아 있었다. 달달 외운 대본 같은 강의 노트를 앞에 두고도 손에 땀이 났다. 열려 있는 뒷문으로 뛰쳐나가고 싶은 심정이었다. 심장이 쿵쾅쿵쾅 뛰고 다리에 힘이 풀렸다. 강의가 끝나고 다시는 하고 싶지 않다고 생각했다. 하지만 미리 예정된 스케줄을 맞춰야 했기에 다음날 또 다른 기업으로 강의를 하러 갔다. 그때도 비슷하게 속이 메슥 거렸지만 전날보다는 괜찮았다. 한 달 정도 지나니 강의노트가 앞에 없어도 말을 할 수 있게 되었다. 여전히 긴장이 되었지만 두렵다는 생각은 더 이상 들지 않았다.

수전 제퍼스는 본인의 베스트셀러 저서인 『자신감 수업』에서 두려움을 인정하고 도전하는 것으로 두려움을 몰아낼 수 있다고 말한다. 그녀는 좀 더 자신감이 생기면 할 수 있다고 생각하는 것은 현실을 외면하는 것이라면서 두려움에 맞서는 것과 인정하는 것은 다르다고 말한다. 두려운 상황에 직면하게 되면 일단 한 번 해봄으로써 두려움을 극복할 수 있고, 이 같은 경험이 반복적으로 일어나면 두려움은 사라지게 된다고 강조한다.

우리가 일상에서 두려움을 좀 더 잘 다스리려면 어떻게 해야 할까? 아주 단순한 3가지 방법을 소개하겠다.

첫 번째는 바로 '도움 요청하기'이다. 아이들은 두려운 일이 발생하면 망설임 없이 부모의 품으로 가서 말한다. "꿈에 괴물이 나왔어.", "엄마, 아빠가 날 두고 갔어." 그럼 부모는 그건 "악몽일 뿐이야."라는 말로 아이의 두려움을 진정시킨다. 아이들은 금방 진정하고 다시 잠들 수 있다. 우리 어른도 같은 방법으로 두려움을 다스릴 수 있다.

두 번째는 '행동하기'이다. 누구나 시험기간에 이 같은 경험을 한 적이 있을 것이다. 당장 내일의 시험을 준비하기보다 게임을 하거나 TV를 보면서 이런 생각을 한다. "아 시험 못 보면 어쩌지?" 이때의 해결책은 바로 즉각 공부를 시작하는 것이다. 막상 시작하면 대비를 할 수 있고 두려웠던 생각들은 사라진다. 이에 대해 데일 카네기는 "만약 두려움을 극복하고 싶다면 집에 앉아서 두려움만 생각하고 있지 말라. 밖으로 나가 행동하라."라는 명언을 남겼다.

세 번째는 '써보기'이다. 듀크 대학의 연구진은 이 대학에서 공부를 힘들어하는 신입생 40명을 대상으로 실험을 했다. 두 개의 그룹으로 나눠 한 그룹은 스스로 통제하도록 내버려두었고, 다른 그룹은 같은 시기를 겪은 상급생들이 힘들었던 경험을 털어놓는 영상을 보여주고 멘토십을 지원해주었다. 선배들의 이야기를 듣고 자신의 상황과 비교한 에세이를 써보도록 했다. 도움을 받은 학생은 받지 못한 학생보다 훨씬 높은 평균 점수를 달성했다. 자신의 두려움을 적어봄으로써 그에 대한 반응을 적극적으로 살필 수 있게 된다는 것을 보여준 셈이다.

앞으로 두려움이 느껴질 때마다 좀 더 나의 능력을 믿어보면 어떨까?

우리는 생각보다 강하다. 무슨 일이든 할 수 있다. 두려움은 우리가 원하는 삶을 살도록 도와줄 에너지가 되어줄 것이다. 두려움이 느껴지면 머릿속의 의심의 목소리에다 대고 이야기해보자.

"두려움이란 친구가 왔구나!"

6

포기할 때마다
열정을 수집한다

　노벨 문학상을 수상한 프랑스의 소설가 앙드레 지드가 한 유명한 말이 있다. "새로운 땅을 찾으려면 그때까지 육지를 보지 않을 각오부터 해야 한다." 나는 이 말이 반은 맞고 반은 틀리다고 생각한다. 새로운 땅을 찾기 위해 각오를 하고 바다로 나가야 하는 것은 맞지만 그것이 잘못된 시작이라면 잠시 육지로 돌아와 재정비해야 하는 것 아닌가? 망망대해에서 언제 나타날지 모를 육지를 찾아 허우적대다 지쳐버릴 수도 있다. 포기를 해야 할 때는 깔끔하게 내려놓고 돌아오는 것이 바다에 빠져 죽지 않는 방법일 수 있다.

　내가 학원을 그만두려고 했을 때 포기에 대한 공포가 컸다. '부모님께는 뭐라고 말씀드리나?', '엄마로서 아이들에게 우스운 꼴 되는 것 아닌가?', '끈기가 없는 사람으로 비춰질 것 같아.', '시작할 때 들인 돈이 아깝다.' 끝맺음은 시작보다 힘들다는 것을 뼈저리게 느끼며 쉽게 결정을 내리지 못하고 있었다. 문득, 이런 고민을 하는 것이 이번이 처음이 아니라는 사실에 놀랐다.

20대 후반 외국계 회사 무역 팀에 어렵사리 입사를 했다. '서류가방 하나만 들고 세계를 누비는 무역인'을 꿈꿨는데 현실은 매일 엑셀 파일만 들여다보며 선적재고를 맞추고 있었다. 매일 야근을 하고 상사에게 혼이 나면서 그만두고 싶었지만 그렇게 하지 못했다. 취업난에 외국계 회사의 정직원 자리를 박차고 나가는 것은 바보 같은 선택이라고 생각했다. 주변에선 버티다 보면 좋아질 거라는 위로의 말을 했다. 부모님의 걱정 어린 눈길도 내 발목을 잡았다. 이직을 하려면 1년은 버텨야 한다는 조언을 듣고 딱 1년을 채우고 그만뒀다.

지금 생각해보면 당시 나와 맞지 않는 자리란 것을 깨달은 직후 바로 다른 직장을 알아봤다면 좋았을 것 같다. 사회초년생은 사회의 구성원으로 사회와 나를 맞춰가는 시기이다. 처음 찾은 자리가 나와 맞지 않다고 느낀다면 언제든 다른 자리를 찾아 새롭게 도전해도 괜찮다. 이 시기가 늦어질수록 직장을 바꾸는 것은 더 힘들어지고 이러한 이유로 그냥 정착해 후회하는 경우를 주변에서 많이 봤다. 이렇게 그만두는 것은 시작하는 것만큼 쉽지가 않다. 포기가 이토록 어려운 이유는 무엇일까? 우리가 포기에 대해 가지고 있는 부정적인 시각 때문이 아닐까? '끈기'를 높은 가치로 쳐주는 사회 분위기도 분명 한몫할 것이다.

　초대박 베스트셀러 『나는 나로 살기로 했다』의 김수현 작가는 학교 때 미술학원에 다녀본 적 없던 공부하는 평범한 학생이었다. 이화여대 경영학부에 입학하고 나서야 '내가 하고 싶은 건 그림 그리기였구나.' 하는 깨달음을 얻었다고 한다. 자세히는 알 수 없지만 그녀의 주변에서 그녀를 말리는 사람이 분명히 있었을 것이다. '명문대를 그만두고 전문적으로 배워본 적도 없는 그림을 하겠다니 현실적으로 생각해라.'라는 조언도 받았을 것이다. 그렇지만 그녀가 명문대를 '포기'하고 얻은 것은 멋지고 대단한 결과였다. 지금 그녀는 많은 사랑을 받는 예쁜 책을 그리고 쓰며 본인도 만족하고 우리에게도 큰 기쁨을 주고 있다. 그녀의 그런 선택이 팬의 입장에서 참 고맙다. 생각해보면 이런 스토리는 주변에서 많이 찾아 볼 수 있다. 우리는 그때마다 잠시 '와! 멋지다. 정말 대단하다'라고 할 뿐 나만의 스토리로 만들어보려는 시도는 하지 않는다. 나도 역시 그랬다. 당시 나를 가장 주저하게 만드는 질문은 이것이었다. '만약 지금 포기하고 나중에 후회하면 어떻게?' 나뿐만 아니라 이런 생각을 하며 포기하지 못하는 사람이 많다.
　내가 무엇을 할 때 즐거운지는 각자가 답을 찾아야 할 것이다. 지금 다니는 직장을 그만두려고 할 때 흔히 다른 직장에선 이렇게 힘든 일이 절대 없을 거라는 착각을 하지만 어디 그러한가? 다른 직장에는 그만한 또 다른 어려움이 있다. 세상의 모든 도전에는 어느 정도의 어려움이 따른다. 그러한 어려움을 이기고도 즐겁게 할 수 있는 일인지에 대한 고민을 할 필요가 있다는 것이다. "회사 밖은 지옥이야."라는 말을 듣고도 회사를 그만두고 싶다면, "이제까지 들인 노력이 얼만데 그 공부를 때려 친다고?" 하는 소리에도 공부를 그만하고 싶다면, "이만한 사람 또 찾을 수 없을 걸."이라는 말에도 이 사람과 헤어지고 싶다면 기억하라. 지금 '이 상태'와 '여기'에 만족할 수 없다면 이제 당신의 인생을 개척해야 할 때인 것이다. 모험을 통해 나와 맞는 곳을 찾을 수 있는 시작은 지금 가진 것을 내려놓는 곳에서부터 가능하다.

'세렌디피티'라는 말을 들어봤을 것이다. '세렌디피티'의 뜻은 '귀중하거나 유리한 것을 의도치 않게 발견하는 일'이라고 한다. 대표적인 사례로 3M의 포스트잇이 있다. 접착제로 사용할 수 없어 버려졌지만 떼었다 붙여도 흔적이 남지 않는 기능을 활용해 새로운 기능을 가진 상품이 탄생한 것이다. 아이디어를 낸 아서 프라이가는 판매 수익의 1%를 받기로 했는데 매년 1억 달러의 매출을 올리는 포스트잇으로 그는 매년 백만 달러 이상을 받고 있다. 이런 우연한 발견으로 얻고 있는 그의 짭짤한 수입이 부러운가? 『생각을 버리는 심리학』의 저자 스티브 아얀은 직장이나 가정에서 아이디어를 얻고 능력을 향상 시키고 싶은 사람들에게 조언한다.

열린 마음으로 호기심 가지고 시도해보라고, 자세히 관찰하고 성급한 결론은 내리지 말라고 그리고 이 모든 것에는 용기가 필요하다는 사실을 기억하라고 말이다. 해보지 않은 일을 단행할 때는 언제나 실망할 위험이 따른다. 포기의 순간에도 우리가 이 같은 마음을 가질 수 있다면 도움이 될 것이다.

'이 길이 아니어도 괜찮아.'
'다른 방법도 있을 거야.'
'이 일은 어떤 재미가 있을까?'
'저 사람은 어떻게 한 걸까?'

이러한 마음가짐을 갖고 끊임없이 반복적으로 되뇌어보자. 절대로 성급하게 판단하고 좌절하지 말자. 부정적인 믿음체계에서 벗어나 강한 자신감을 갖고 우리 스스로의 힘을 믿어보자. 끝날 때까지 끝난 것이 아니라고 하지 않는가? 우리의 모험은 아직 시작되지 않았다.

딸이 초등학교 1학년 때 만난 딸 친구의 엄마는 지금 나의 절친이 되었다. 같은 나이의 아이가 있다는 것 말고도 나는 그녀의 선택에 신선함을 느껴 더욱 친해지고 싶었다. 처음 만나던 날 나는 그녀가 사는 집이 어딘지 우리 집과 가까운지 물었다. 그녀는 지금 건물을 짓고 있는 중이라 임시거처에 살고 있다고 대답했다. 그때 우리 아이의 초등학교는 고급 아파트와 빌라촌 사이에 있었다. 아이들도 당연히 빌라에 사는 아이들과 아파트에 사는 아이들, 두 부류뿐이었다. 주위에 사람들은 다 아파트에서 아파트로 빌라에서 빌라로 이사를 하는데 젊은 나이에 건물을 짓고 있다니 신기했다. 이야기를 들어보니 학교 근처로 이사를 오고 싶어 알아봤지만 아파트에 들어가고 싶지는 않고 집 짓는 경험을 해보고 싶어 땅을 사 건물을 짓게 되었다고 했다. 나중에 가본 집은 이층에 작은 테라스가 화분으로 채워져 있었고, 고기를 구워먹을 수 있는 공간까지 있었다. 여름엔 미니 풀을 놓고 수영을 할 수도 있어 아담하지만 개성이 확실해 보였다. 주말이면 남편과 같이 화단도 가꾸고 각종 식물을 키우며 집에서 주로 생활하길 좋아하는 그들만의 라이프 스타일에 딱 맞는 집 같았다. 아파트에서는 가질 수 없는 경험으로 멋진 추억을 만들어가는 그녀의 선택이 참 멋져 보였다.

최근에 그녀와 집에 대한 이야기를 다시 할 기회가 있었다. 지난 몇 년간 서울의 아파트 값이 많이 올랐으므로 당연히 그 동네 아파트 값도 상당히 많이 올라 있었다. 당시 아파트로 이사를 가지 않고 건물을 지은 것에 대해 후회하지 않느냐는 물음에 '당연히 후회하지! 말해 뭐해!'라고 호탕하게 대답해 우리는 같이 한바탕 웃었다. 대화를 이어갈수록 그녀는 그 집에서 본인의 관심사를 확실히 발견한 듯 보였다. 나중에 어떻게 살고 싶냐는 물음에 정원이 넓은 카페를 만들어 한쪽에는 어린이 추천 도서를 전시해놓고 싶다고 했다. 자연친화적인 북카페 겸 테마공간을 갖고 이벤트나 행사도 열면 좋겠다며 웃었다. 아파트를 포기하고 어려운 건물 짓기를 선택했을 때 당연히 어려움도 있었으리라. 그런 힘든 시간을 견디는 경험으로 발견할 수 있었던 것은 새로운 꿈이 아닐까? 그녀가 '이렇게 살아보면 어떨까?'라는 호기심이 없었다면 불가능했을 것이다.

나는 결국 학원을 포기했기 때문에 내가 원하는 일을 선택할 수 있는 기회를 얻었다. 열정을 느끼는 일을 찾게 된 것이다. 아파트를 포기하고 건물을 지은 내 친구도 그와 같은 선택으로 자신의 열정에 한 발 가까워지게 된 것 아닐까? 정말 좋아하는 일은 갑자기 혜성처럼 나타나지는 것이 아니다. 살면서 벌어지는 많은 선택 속에 힌트를 얻고 조금씩 발전시켜 나가다 보면 우연히 발견하게 되는 것이다. 마치 '세렌디피티'처럼 말이다. 내가 28살에 퇴사하면서부터 삶의 교훈으로 삼은 말이 있다.

"모든 경험은 자신이 된다."

내게 주어진 일을 열심히 하며 행복할 수도 있다. 그게 맞지 않아 다른 선택을 할 수도 있다. 당장의 실패한 경험도 삶의 자산이 된다. 때론 열정을 바쳐 열심히 했지만 행복에 도달하지 못할 수도 있다. 그렇지만 그런 건 사실 별 상관이 없다. 스스로 행복에 다가가고 있다는 확신만 가지고 있다면 말이다. 여기서 처음에 언급했던 앙드레 지드의 말을 이렇게 바꿔보면 좋겠다. "새로운 땅을 찾으려면 그때까지 충분히 헤엄쳐봐야 한다." 본인의 열정을 찾기 위해 바다에 뛰어들 수 있기를 바란다.

7

아주 작은 실천이
일상을 바꾼다

요즘 SNS에서 흔히 볼 수 있는 해시태그가 있다 바로 #○○챌린지이
다. 인스타그램에 검색을 해 보면 하루만보 걷기 챌린지, 새벽 5시 기상
챌린지, 용기 챌린지 등 많은 챌린지를 찾아볼 수 있다. 도전의 영어 표
현인 챌린지(challenge)라는 말은 말 그대로 '어떤 시도'를 의미한다. 그
런데 이런 챌린지는 어떤가? '팔굽혀펴기 1회 챌린지' 좀 시시하게 느껴
지는 이 도전으로 베스트셀러 책까지 쓴 남자가 있다. 바로 『습관의 재발
견』을 쓴 작가 스티븐 기스다.

2012년 12월 28일 스티븐 기스는 내년에는 좀 더 잘 살고 싶다는 생각
을 하고 있었다. 새해 결심을 세우는 것은 의미가 없다는 것을 깨닫고 어

떻게 하면 더 나은 삶을 살 수 있을 지 고심했다고 한다. 그는 '30분 정도 운동을 해볼까?' 생각했지만 이내 의욕이 생기지 않아 포기하고 대신 팔굽혀펴기 한번 해보자 생각했단다. 그리고 딱 한 번의 팔굽혀펴기를 시도했다. 그는 그날 이 작은 실천이 실제 30분 운동의 첫 동작임을 깨달았다고 한다. 이후 그는 같은 방법으로 목표를 작게 잘라 이루는 것에 초점을 맞추고 달성 후의 만족감을 느끼는 데 집중하게 된다. 운동 뿐 아니라 글쓰기, 건강식 먹기 등의 일반적인 목표를 이루어가는 원동력이 되었다고 한다.

그와 똑같이 무가치하고 무기력하다는 느낌을 2020년 1월에 내가 느끼고 있었다. 새해가 밝았고 나는 새로운 삶을 살아야겠다고 결심했지만 세워놓은 결심을 좀처럼 행동으로 옮기기란 쉽지 않았다. 새해에 세워둔 목표는 다른 사람의 그것과 크게 다르지 않았다. 올해는 운동을 매일 해서 살을 5kg 정도 빼고, 책을 더 읽고, 가능하다면 책 한 권을 쓰고 싶었다. 영어 원서 몇 권 읽기와 SNS의 팔로우 숫자를 늘리는 것도 당연히 포함되어 있었다. 이런 계획을 세울 때 나는 기분이 아주 좋다. 곧 이룰 수 있을 것 같은 느낌이 들기 때문이다. 그러다 하루 이틀 실패를 맛보고 나면 그 계획들이 나를 무기력하게 만들었다. 목표를 이루지 못할 때마다 자책하고 숨고 싶었다. 도대체 남들은 어떻게들 그렇게 멋지게 삶을 가꿔 나가는지 정말 알고 싶었다.

어쩌면 나는 이미 알고 있었는지도 모르겠다. 스티븐 기스의 『습관의 재발견』 책이 처음 나온 2015년부터 가지고 있었으니 말이다. 책을 다시 읽으면서 그때는 안보이던 실용적인 방법들이 눈에 띄었다. 나도 여기 나온 방법대로 한다면 어쩜 할 수 있을지 모르겠다는 생각을 했다.

다음 날부터 나는 팔굽혀펴기 대신 '요가매트 깔기'를 시도했다. 늘 창문 옆에 둘둘 말아져 있던 요가매트를 바닥에 펴는 것으로 시작했다. 짧은 요가 영상을 저장해두고 매트를 펼치며 켜기로 했다. 며칠은 영상을 따라 하는 것이 어렵지 않았다. 역시나 한 2일 지나니 하기 싫은 마음이 들었다. 그런 날도 매트를 펼쳐 잠시 앉아 있다가 다시 말아냈다. 어쨌든 매일 요가매트를 펼쳤다. 우리가 어떤 일을 시작할 때는 의욕이 충만해 고취된 상태가 된다. 그러다 며칠 하고 나면 관성의 법칙처럼 다시 예전으로 돌아가고 싶은 마음이 든다. 이런 마음에 대해 스티븐 기스는 목표 자체를 소소하게 쪼개 실패가 힘들도록 만들라고 조언한다.

우리가 목표를 세울 때 간과하는 것은 바로 실패 관리다. 사람이 어떤 일에 한번 실패를 경험하고 나면 쉽게 포기하고 싶고 굉장한 무력감을 느낀다. 이때 다시 일어나서 도전하는 것은 처음 시작할 때보다 몇 배는 힘들다는 사실을 경험해본 사람은 안다. 이 같은 실패를 최소화함으로써 불필요한 감정의 소용돌이에 빠지지 않도록 도와준다. 매일 약간의 성취를 맛봄으로써 오히려 성장의 동력을 저장할 수 있게 된다.

'이까짓 목표로 무슨 대단한 일을 할 수 있겠나?' 물을 수도 있다. 작은 성공을 몇 번 경험하면 그보다 조금 더 하는 것은 그리 어렵지 않다. 때론 정해놓은 목표 그 이상을 실행할 때도 있다. 그렇게 내가 원하는 모습이 되어 가면서 어느 날 변화된 나를 만나는 놀라운 경험을 하게 되는 것이다.

매일 요가 매트를 깔고 아침요가 영상을 한 달 이상 따라 하고 있었다. 어느 날 나의 목선이 아름답다는 느낌이 들었다. 의아했다. '설마 이거 조금 했다고?' 사실 나는 어깨가 굽어 '쇄골 뼈라는 것이 내 몸에 있긴 한 것인가?'라는 생각을 종종 했었다. 매일 어깨와 목주변이 뻐근해 그것을 좀 해소할 수 있는 운동을 찾다가 하게 된 아침요가였다. 분명하게 쇄골 뼈가 보였고 이건 몸이 변화했다는 증거로 충분했다. 남한테 자랑할 선명한 복근이 생긴 것은 아니었지만 혼자서 느낄 수 있는 작은 성취였다.

이를 시작으로 다른 것도 도전해보자는 생각에 글쓰기를 시작했다. 매일 짧게라도 생각을 적어 내려갔다. 매일 같은 시간에 요가매트를 펼치니 매일 같은 시간에 노트북 앞에 앉는 것도 어렵지 않게 느껴졌다. 이제는 어떤 시작도 두렵지 않게 되었다. 나는 그 후로 5kg의 살을 빼고 새벽 기상도 하며 매일 책을 읽고 글을 쓰고 있다. 스스로 무가치하다 느끼고 무기력감으로 시작했던 그해 초와는 많이 달라졌다. 이렇게 된 데는 처음 한두 번 맛본 성공의 경험이 중요한 역할을 했다.

2021년 1월 새로 이사를 간 전주 언니의 집으로 가족들이 집들이 겸 놀

러갔다. 여행 와서도 책을 읽고 있는 내게 형부가 물었다. "어떻게 그렇게 책을 끝까지 읽는 거야? 나도 독서를 많이 하고 싶어서 책을 사면 좀 읽다가 바빠서 곧 책을 샀던 것 마저 잊어버리게 되더라고…." 정말 형부 책장엔 여러 권의 책이 있었지만 앞에 몇 페이지만 읽은 표시가 되어 있었다. 나도 그랬는데 어떻게 이렇게 되었을까 곰곰이 생각해보았다.

사실 나는 스티븐 기스의 『습관의 재발견』을 시작으로 유명한 습관 책은 다 찾아 읽었다. 그 중 『아주 작은 습관의 힘』이란 제임스 클리어의 책은 전체 필사도 했다. 좋은 습관을 들이기 위한 지식을 모조리 머릿속에 집어넣고 싶은 마음 때문이었다. 그중 너무 유용했던 2가지 방법을 형부에게 알려주었다.

첫 번째는 언제 어디서 할지 계획을 세우라. 'X라는 상황이 발행하면 Y라는 행동을 하겠다'는 계획을 세우는 것이 중요하다. 이는 정확한 시간과 장소를 정해 어영부영 흘려보내며 흐지부지되지 않게 도와준다. '이제 더 건강히 먹어야지, 글을 더 써야지, 책을 더 읽어야지' 등의 목표는 좋지만 실행하기가 어렵다.

책 읽기: 나는 침대에 누워 10분 동안 책을 읽을 것이다.
글 쓰기: 오전 7시에 책상에 앉으면 노트를 펼칠 것이다.
운동: 저녁 7시에 거실에서 20분 요가 영상을 따라 할 것이다.

이런 식으로 확실한 장소와 시간을 정하면 습관을 실천하는 데 저항감을 줄여주고 유지할 수 있게 돕는다고 한다. 이를 더욱 쉽게 만들기 위한 '습관 쌓기' 전략은 나에게 매우 효과가 높았다. 현재 매일 하는 행동에 새로운 습관을 쌓는 것이다.

글쓰기: 매일 아침 차를 한잔 만들어 책상에 앉으면 글을 쓴다.

운동: 귀가 후 외출복을 벗고 바로 요가복을 입는다.

이렇게 습관 쌓기를 통해 혹시 잊어버릴 수 있는 새로운 행동이 익숙해지도록 돕는다.

두 번째는 확인하기이다. 우리가 들이고 싶은 좋은 습관은 나쁜 습관을 하지 않게 하는 목적도 있다. 건강식을 먹기로 결심하고 나도 모르게 과자를 입에 넣을 수 있다. 이때 이것을 확인하는 것만으로도 행동을 의식하도록 돕는다. 전문가들은 '습관 점수표'를 만들어 연습하라고 권한다. 나의 경우는 습관 앱을 통해서 효과를 보았다. 습관을 추적하는 앱을 검색해보면 얼마나 많은지 놀라게 될 것이다. 그중 자신에게 맞는 것을 찾아 행동을 확인하는 습관을 가져보자. 이때 중요한 점은 판단이나 평가를 하지 않고 관찰하는 데 있다. 스스로 잘못을 지적하다 보면 계속하기 힘들기 때문이다.

좋은 습관을 들이다 보면 생활 속에서 작은 성취를 경험할 수 있는 기회가 많아진다. 성취의 경험이 쌓일수록 자기 효능감이 높아지고 이는 스스로를 더 사랑할 수 있게 만든다. 내가 작은 습관을 들이는 훈련을 하면서 발견한 사실은 좋은 습관을 갖게 되면 고민하지 않게 된다는 것이었다. 일어나서 운동을 할까 말까? 이것을 먹을까 말까? 하는 생각들은 좋은 선택을 하는 데 방해만 된다. 습관을 들이면 의식적인 결정을 하기가 쉬워진다. 지금 하는 잠깐의 선택으로 이후 몇 시간의 행동이 좌우되기에 좋은 습관을 들이는 것은 중요하다. 셀프코칭의 시작은 좋은 습관을 들이면서부터 가능했다. 좋은 습관은 성취감을 높여 주고 높은 자존감을 가질 수 있게 도와준다. 작은 실천으로 좋은 습관을 내 것으로 만들어보자. 그 작은 결심이 결정적인 변화의 시작이 될 수 있다.

8

한 번도 해보지 않은
일을 시도하라

KBS예능 1박2일이란 프로그램을 좋아하는가? 나는 최근에야 재미있게 보기를 시작하여 며칠 전에 1회까지 시청하며 정주행을 마무리했다. 이 프로그램은 10년 동안 매회 거의 같은 포맷으로 진행되었다. 게임을 통해 누가 밥을 먹을지, 어느 팀이 바깥에서 자게 될지를 결정한다. 때론 벌칙으로 입수(入水)를 하기도 한다. 비슷한 포맷으로 이 프로그램이 오랜 시간 사랑을 받을 수 있었던 이유는 뭘까? 나는 1박 2일이 시청자가 경험하지 못하는 것을 제공하기 때문이라고 생각한다. 이 프로그램은 매주 시청자들이 선뜻 가보지 못하는 전국 각지의 아름다운 자연을 선물한다. 재미로 아메리카노에 까나리 액젓을 넣어 먹게 하고 겨울바다에 맨

몸으로 들어가는 경험을 간접적으로 느낄 수 있게 한다. 평범한 성인 남성들이 떨어진 과자를 주워 먹을 만큼의 극한의 허기를 경험할 기회는 별로 없다. 그런 상황, 상황들이 우리에게 웃음을 주고 또 보고 싶게 만드는 것 아닐까? 1박 2일 4시즌 첫 회에서 문세윤 씨가 계곡물에 입수한 후 나와서 이런 말을 한다. "그런데, 이 개운한 기분은 뭐지?" 이미 여러 번의 입수를 해본 김종민 씨도 할 때마다 새로운 매력이 있다고 한마디 덧붙인다. 이렇듯 새로운 경험은 매번 별다를 것 없는 일상생활에 활력을 불어 넣어준다.

나는 이 챕터를 쓰면서 겨울바다를 맨발로 걸어보았다. 내가 그랬다고 하니 나의 친구는 "그렇게까지 해야 해?" 반문한다. 사실 겨울바다를 맨발로 걷는 것은 차가운 느낌이 다일 수 있지만 그것이 의미하는 바는 따로 있다. '내 책을 쓰면서 이런 것까지 해보는구나! 나는 이렇게 전심을 다하고 있구나!'라며 스스로 고무되기도 한다. 문세윤 씨가 계곡물에 들어가 "1박2일 시즌4 파이팅!"을 외치는 순간 고조된 배경음악이 흐르고 다른 출연자들의 얼굴이 괜스레 한껏 결의에 차 보이는 것은 나만이 아닐 것이다.

내가 지금 말하는 '한 번도 해보지 않은 일'이 겨울바다에 몸을 맡기는 엉뚱한 시도만을 의미하는 것은 아니다. 궁금하지만 선뜻 할 용기가 나지 않았던 일이나 굳이 해야 할 이유를 찾지 못했던 일들을 시도해보라는 뜻이다. 줄리아 카메론의 『아티스트 웨이』란 책에서는 새로운 경험을 하면 할수록 창조성을 일깨울 수 있다고 말한다. 12주간의 창조성 워크숍 동안 한 번도 해보지 않았던 일들을 하도록 격려하는 일들은 아래의 예처럼 굉장히 단순하다.

춤추러 가기, 카우보이 부츠사기, 머리 염색하기, 휴가가기, 미술학원 다니기, 밸리 댄싱하기, 시집 출간하기, 안 가본 동네 가보기, 어린 시절 살았던 곳 가보기, 모르는 사람에게 편지 보내기 등 실없어 보이는 이런 작은 시도를 하는 이 워크숍을 통해 실제로 많은 창조적인 아티스트들이 탄생할 수 있었다고 한다. 위의 항목 중 어떤 것은 나도 해보고 싶지만 그렇지 않은 것도 있다. 모든 걸 할 필요는 없지만 오늘 당장 할 만한 일 한두 가지는 찾을 수 있을 것이다. 나는 어떤 것도 그다지 하고 싶지 않다는 사람이 있다면 지금부터 말하는 이 영화라도 한번 보기를 추천한다.

영화 〈소울: Soul〉은 뉴욕에서 음악선생님으로 일하는 '조'가 주인공이다. 그는 최고의 밴드 맴버가 되어 꿈에 그리던 재즈클럽에서 연주를 하게 된다. 어머니에게 이 소식을 전하러 신나게 달려가다 그만 사고로 맨홀에 빠지게 되고 그의 영혼은 '태어나기 전 세상'으로 가고 만다. 그곳에서 만난 탄생하기 직전의 영혼들은 멘토와 함께 관심사를 발견하고 지구 통행증을 발급받는다. 세상 유일하게 시니컬한 영혼22는 지구에 가고 싶어 하지 않는다. 우연히 그의 멘토가 된 조는 꿈의 무대에 서기 위해 영혼22의 통행증을 가지고 지구로 돌아가려고 한다. 일이 꼬이면서 22의 영혼이 조의 몸속으로 들어가게 된다. 같이 지구로 떨어진 조의 영혼은 옆에서 자고 있던 고양이의 몸속으로 들어간다. 영혼22가 지구에서 처음 경험하는 것들을 고양이의 몸에서 제3자의 시선으로 보게 된다. 페파로니 피자 한 조각, 떨어지는 낙엽, 난생 처음 먹어보는 사탕 한입에 감탄하며 지구에 오고 싶어 하는 영혼22. 그를 보며 조는 그동안 자신이 놓치고 살았던 것이 무엇인지 깨닫게 된다.

우리는 살면서 겪는 많은 상황들에 묻혀 일상에 작은 기쁨을 놓치고 산다. 그럴 때는 한 번도 해보지 않은 일을 하거나, 새로운 곳에 가봄으로써 의식을 깨울 수 있다. 익숙하게 생각했던 것의 고마움을 느끼거나 당연한 것이 꼭 필요하지 않을 수 있다는 사실을 깨닫게 된다.

한번은 호주에서 스냅사진을 찍는 작가의 블로그를 보게 되었다. 너무 부러운 일이었다. 매일 새로운 사람을 만나며 호주 곳곳의 관광지 풍경을 보고 좋아하는 사진을 찍는 일이라니…. 게다가 특별한 순간을 담아 선물하며 돈도 벌 수 있다고 생각하니 너무나 매력적으로 느껴졌다.

'사람들이 나 사진 잘 찍는다고 했는데? 지금이라도 사진을 배워볼까? 카메라는 얼마지? 유학을 다녀와야 하는 거 아닌가?' 별별 생각이 다 들었다. 그러다 '이 나이에 무슨.' 하며 공상을 한탄으로 마무리하려던 순간 아이디어가 떠올랐다. 곧 있을 딸아이의 열 살 생일에 직접 친구들과 우정 스냅사진을 찍어주면 좋겠다는 생각이 들었다. 다행히도 내가 사는 제주도는 수많은 스냅사진 작가들이 사진을 찍으러 오는 곳이었다. 인터넷상에 남겨놓는 좋은 예시를 찾아서 공부했다. 소품을 준비하며 그들만큼은 아니더라도 괜찮은 결과를 얻을 수 있을 것 같았다. 딸의 생일날 백약이 오름으로 딸과 딸 친구 다섯 명을 데리고 갔다. 미리 친구 엄마들과 이야기해서 옷도 맞춰 입히고 필요한 소품도 구해놓았다. 마음껏 나의 창조성을 뿜어낼 수 있을 것 같았던 기대와는 다르게 모델들의 요구를 들어주는 것만도 버거웠다. 여섯 명이나 되는 어린이들은 제각각 움직이고 깔깔깔 웃기에 바빴다. 한 명 한 명 예쁘게 담아내는 것은 보통의 집중력으로는 할 수 있는 일이 아니었다. 두 시간 가량 사진을 찍고는 매일 할 짓은 못되겠다고 생각했다. 호주에 스냅사진 작가님께 쉽게 봐서 죄송하다고 사과하고 싶었다. 어쨌든 그날의 경험으로 나는 2가지를 얻을 수 있었다. 예쁘게 찍은 딸아이의 우정 스냅사진과 뭐든 한번 해보면 어떤지 알 수 있다는 사실이었다.

한 번도 해보지 않은 일을 하는 것에는 2가지 좋은 점이 있다. 첫 번째는 막연한 두려움을 깨트릴 수 있다. 해보지 않아서 갖는 두려움은 막상 해보면 금방 별것 아니라는 것을 알게 된다. 두 번째는 지경이 넓어진다. 지경은 일정한 테두리의 땅을 의미한다. 살면서 내가 드나들 수 있는 땅이 많아진다는 것 참 근사하지 않은가?

무엇을 해야 할지 감이 잡히지 않는다면 고흐의 일화를 참조하면 좋겠다. 네덜란드의 인상파 화가 빈센트 반 고흐는 그림을 그리기 전 여러 직업을 전전했다. 28세에 본격적으로 그림을 그리기로 결심하고 주력한 일은 고흐의 우상 밀레의 그림을 베끼는 것이었다. 그는 밀레의 그림에 감동을 받고 그를 흉내 내면서 정밀묘사를 연습한다. 밀레의 1850년 작 〈씨 뿌리는 사람〉은 고흐가 10번도 넘게 베껴 그린 그림이다. 그렇게 모방의 작업을 거쳐 1885년 고흐는 〈감자 먹는 사람들〉을 탄생시켰다. 고흐 말고 베껴 그리기를 통해 세계적인 화가로 발돋움한 화가의 예는 많다. 화가뿐 아니라 작가의 세계에서도 필사를 통해 특별한 문체를 갖게 되고 성공한 사례도 수없이 많다.

작가가 되고 싶지만 '내가 어떻게?'란 생각만 하던 어느 날 '필사라도 해봐야겠다!'는 생각이 들었다. 당시 내가 감명 깊게 읽은 『나를 바꾸는 인생의 마법』이란 책을 매일 두세 장씩 따라 썼다. 문체를 닮고 싶거나 작가가 되겠다는 뚜렷한 목적은 없었다. 전문 작가도 아닌 그녀가 어떻게 책을 썼는지 알고 싶었다. 나도 그녀처럼 되고 싶은 마음에서였다. 매일 조금씩 필사라는 것을 해보니 좋은 점이 2가지가 있었다. 하나는 나의 하루 중 글을 쓸 수 있는 시간이 있다는 사실을 확인한 것이었다. 필사를 하는 동안은 엉덩이를 붙이고 앉아 자판을 두드려야 했다. 글을 쓸 시간이 없다는 변명은 이제 할 수 없게 되었다. 다른 하나는 책은 이렇게 한 장씩 채워서 한 권이 만들어지는 것이라는 단순한 진리였다. 매일 꾸준히 하는 것에 대한 보상이 어떤 건지를 어렴풋이나마 알 수 있었다.

한 번도 해보지 않은 일을 할 때는 약간의 용기가 필요한 것은 사실이다. 그렇지만 별 용기 없이 당장 할 수 있는 일을 선뜻 해보려 하지 않는 이유는 무엇일까? 그건 우리가 너무 실용적인 어른으로 살고 있어서이다. 뚜렷한 목적을 찾지 못하고 '내가 굳이 이걸 왜 하나? 내가 이 나이에 이거 해서 뭐하지?'라는 생각이 용기 있는 행동을 하지 못하게 막는다. 누구의 인정이나 허락 없이 나를 위해 한 번쯤 이유를 찾지 말고 그냥 시도해보자. 마냥 좋아서 한 일이 삶을 풍성하게 채워줄 수도 있지 않겠는가? 그동안 해보지 않은 일을 오늘 한번 시도해보자.

3장

하루 10분,
진짜 나와
만나는 기술

의무적인 행동이
나를 노예로 만든다

작년 〈82년생 김지영〉이 개봉했을 때 오랜만에 극장에 가서 영화를 봤다. 공유님이 남자주인공으로 나와서 이기도 했지만, 80년대생의 여자 입장을 대변해주는 영화가 되어주지 않을까라는 기대감 때문이었다. 주인공 김지영이라는 여자의 사연은 안타까웠지만 영화를 본 후 나오면서 나는 오히려 좀 답답했다. 같이 영화를 보고 나오던 아이가 셋인 선배언니는 이렇게 말했다.

"잘 도와주는 공유 같은 착한 남편이 있고만 저게 저럴 일이야? 왜 말을 못해, 쟤는?"

내가 보기에도 본인의 희생과 억울한 상황을 남들이 알아줘야 한다고 항변하듯 만들어놓은 상황이 불편했다. 모든 책임을 사회의 탓으로 돌리는 주인공의 무기력한 모습에서 힘이 빠졌다.

특히 김지영이 시댁에서 명절을 보내는 장면을 보면서 나의 결혼 후 첫 명절은 어땠는지 생각해보았다. 큰아버지 댁에서 시댁식구들과 이틀을 보낸 후였다. 명절 당일 아침상을 치우고 산소에 다녀와서 과일을 깎아 먹는 중이었다. 이제는 친정에 가도 될 것 같은데 아무도 가보라는 말씀을 하지 않으셨다. 남편에게 눈치를 주고 싶었지만 오랜만에 가족과의 자리를 서둘러 떠나고 싶지 않은지 거실 가운데 앉아 내게 눈길 한 번 주지 않았다. 같이 점심은 무엇을 해서 먹을지 이야기 나누고 있을 때 나는 조용히 방에 가서 짐을 쌌다. 다 챙긴 후 모두가 앉아 있는 거실 옆 현관문에 가방을 가져다 놓고 서 있었다. 몇 분간 나를 의식하지 못하시던 시어른들 중 제일 먼저 나와 눈이 마주친 작은아버님이 물으셨다.

"가려고?"
"네."

대답하고 미소를 지었다. 큰어머님이 말씀하셨다.

"점심 먹고 가야지."

"아니요, 괜찮아요."

"그래도 점심 먹고 가라."

이번엔 남편을 보며 작은 아버님이 다시 말씀하셨다. 나는 웃으며 말했다.

"아니에요. 친정집에서도 음식을 많이 장만하셨다고 빨리 오라고 하셔서요. 감사합니다."

잠깐의 정적이 있었다. 나는 계속 얼굴에 미소를 잃지 않고 남편을 바라봤다. 남편도 화들짝 놀라 옷가지를 챙겨 입고 일어섰다. 나는 친정으로 올라가는 차 안에서 '왜 집에 가라는 사람이 없냐? 이 정도 있었으면 됐지, 왜 점심을 먹고 가라고 하느냐?'라는 불평을 할 필요가 없었다. 내가 원하는 시간에 시댁을 나왔기 때문이다. 시어른들이 우리가 간 뒤 서운하셨을 수도 있으리라 그렇지만 친정에서 우리를 기다리고 계신 친정 어른들의 마음도 헤아려야 했다.

『혼자 잘해주고 상처받지 마라』 책에서 '자기침묵'이란 표현을 보았다. 이는 중요한 사람과의 친밀감을 위해 당장의 불편한 감정을 참는 행동을 말한다. 본인의 욕구를 관철시키는 것보다 불편한 감정을 억누르는 경우를 말하며 특히 여자에게서 더 자주 나타난다고 한다. 명절에 여자들의 희생적인 행동은 이 자기침묵을 바탕으로 할 때가 많다. 82년생 김지영에서 주인공은 친정에 가겠다는 말을 하지 못해 계속 과일을 깎고 음식을 하며 주방을 벗어나지 못한다. 이런 사람들의 특징은 갈등을 싫어한다. 큰소리 내는 것이 싫어서 그냥 참는 경우가 많다. 때론 자신이 원하는 대로 행동하는 동서나 형님을 욕하며 본인은 사랑받는 며느리로 남길 바란다. 불편한 감정을 나타내면서 자신의 원하는 바를 관철시키는 일은 쉽지 않다. 그렇지만 나의 감정을 희생시키며 얻는 평화는 금방 깨지고 만다.

 '착한 여자 콤플렉스', '하녀병'이나 '시녀병'이란 말을 들어봤을 것이다. 우리 사회의 여자들이 자신을 희생하고서도 얼마나 조롱당하고 있는지를 나타내는 표현이다. 왜 우리는 그토록 나를 침묵하면서 불편한 상황을 참는 것일까? 그건 좋은 사람이라는 칭찬과 인정을 받고 싶기 때문일 것이다. 생각해보길 바란다. 그런 위안이나 좋은 평가가 나에게 정말 좋은 것일까? 우리가 지금껏 그렇게 살았다면 다른 선택을 해볼 수 있지 않을까?

 의무에 끌려다니는 행동은 생각보다 너무 흔하고 익숙한 경우가 많다. 다음 예에서 내가 하는 의무적인 행동이 있는지 확인해보면 좋겠다.

 1. 물건은 항상 정리정돈이 되어 있어야 한다. 정해진 대로 정해진 곳

에 놓여야 한다고 생각한다.

2. 결혼식이나 행사에 가고 싶지 않아도 꼭 참석해야 한다고 생각한다.

3. 신앙심이 없는데도 의무적으로 종교행사에 참석한다. 그게 옳은 것처럼 느낀다.

4. 부재중 전화나 메일에 바로 회신해야 한다고 느낀다.

5. 재미가 없더라도 책을 처음부터 끝까지 다 읽는다.

6. 휴일엔 무조건 연인이나 배우자와 보내야 할 것 같다.

7. 남자와 여자의 역할을 정해놓고 꼭 그대로 지켜야 한다고 생각한다.

8. 정해진 방법 정해진 역할대로 모든 일을 하지 않으면 불편하다.

9. 옷, 신발, 가구 등 딱 들어맞는 것을 찾느라 조바심을 낸다.

정해놓은 방식을 아무 이유 없이 고수할 필요는 없다. 여러 상황에 나도 해당되었고, 대부분 의식하지도 못한 사이에 당연하게 여기며 따르고 있었다. 그중 주부들이 집안일을 할 때 특히 빠지기 쉬운 의무행동은 바로 정리정돈이다. 초보 주부일 때 나도 그랬다. 아이도 어리고 집안일도 익숙지 않았지만 집을 깨끗하게 정돈하고 싶은 마음에 혼자 안달복달하던 날이었다. 도서관에서 빌려온 정리정돈 책을 훑어보다 어느 정리정돈 전문가가 제시한 정리법을 보고 신선한 충격을 받았다. 그녀는 네 식구의 빨래를 개지 않고 네 개의 바구니에 담아 각자의 방문 앞에 둔다고 했다. 자녀의 뒤집어진 양말을 다시 뒤집으며 빨래를 개다 짜증내지 않을 방법을 생각하다가 발견한 방법이란다. 나 역시 빨래의 과정 중 옷을 개는 것을 가장 좋아하지 않았다. 아이들이 아직 어려 방마다 바구니를 놓는 것은 무리일 것 같고, 대신 팬티와 양말을 개지 않기로 했다. 각자의 속옷 서랍에 팬티를 개지 않고 그냥 넣고, 양말도 예쁘게 각을 잡아 개지 않고 짝만 맞춘다. 때론 구겨진 빨래를 놓고 가족이 볼멘소리를 할 때도 있다. 그럼 "아 그래, 그렇다면 네 물건이니 네 방식으로 정리해보렴." 하고 말하면 그만이다. 하찮은 일 같지만 나의 마음을 편하게 만들어준다. 시간도 절약해주어 그 사이에 하고 싶은 다른 일을 할 수도 있다.

어릴 적 꿈이 현모양처였던 나의 친구가 있다. 그 친구는 정말 그 역할을 잘해내고 있는 것 같았다. 그러던 어느 날 그녀가 나에게 물었다.

"너는 언제 시간이 나서 책을 읽고 자기계발을 하는 거야? 나는 애들 학교 보내고 집안일 좀 하고 돌아서면 아이들이 오던데."

나도 여태 그렇게 지내며 시간이 없다고 느꼈다. 완벽히 정돈된 집과 깨끗이 빨래된 옷가지를 각 잡아 서랍에 넣는 것, 달력에 발 매트 빠는 날을 표시하고 그날은 꼭 세탁조를 청소해야 하는 날로 삼는 것으로는 만족감이 없었다. 그런 건 나의 행복에 별 도움이 되지 않았다. 그 후론 하루 중 집안일을 하는 시간은 1시간 남짓으로 잡는다. 아침저녁에 15~30분 정도다. 꼭 해야 할 것을 하고 하지 못한 것은 주말로 미루거나 아이나 남편에게 부탁한다. 그래도 집은 굴러간다. 나에게 필요한 것에 시간을 더 집중하기로 선택한 것이다. 그 친구에게도 똑같이 말해주었다. 모두 다 너무 잘해내려고 하지 말라는 당부도 했다.

연애 초보일 때는 무엇이든 같이해야 한다고 생각한다. 나도 주말에 따로 약속을 잡은 남자친구에게 화를 내고 '어떻게 그럴 수 있느냐? 날 사랑하지 않느냐?' 따진 적도 있다. 사랑한다고 모든 것을 공유할 필요는 없다. 첫아이를 낳고 몇 달 되지 않아 좋아하는 영화 〈섹스 앤 더 시티〉가 개봉했다. 엄마가 아이를 봐주셔서 모처럼 남편과 같이 영화 데이트에 나갔다. 남편은 내가 고른 미국 30대 여성의 사랑 이야기보다 북한군이 여동생을 구하는 영화를 더 보고 싶어 했다. 그도 모처럼의 자유 시간을 누리고 싶을 거란 생각이 들어 나는 각자 보고 싶은 영화를 보고 끝나면 만나자고 했다. 난생 처음 혼자 영화관에서 영화를 봤지만 기분은 좋았다. 나는 쿨한 와이프가 되었고 남편은 존중받았다고 느꼈을 것이다.

"그래, 너는 쿨해서 좋겠다!" 생각할 수도 있겠다. 내가 쿨해서 그렇게 할 수 있는 것은 아니다. 그보다는 다른 사람의 평가나 판단에 신경 쓰지 않으려고 노력하는 것뿐이다. 명절에 시댁에서 친정집에 가고 싶다는 의사 표시를 하면 시어머니가 싫어하실까 봐 못하겠다는 친구나 후배의 고민을 종종 듣는다. 84년생, 85년생 김지영이 내 주변에도 많다. 그때마다 나는 말한다. "앞에서 대놓고 뭐라 하시는 것 아니면 괜찮지 않아?"

우리는 자기 자신을 위한 결정을 내릴 수 있다. 그리고 그것을 효과적으로 수행함으로써 성장해야 하는 의무가 있다. 이것이 삶에서 셀프코칭이 필요한 이유다. 인생을 리드하는 것은 큰 대의를 말할 때만 써야 하는 표현은 아니다. 좀 더 자유롭게 행동하고 나를 위한 목소리를 내는 일에 적극 나서야 한다. 나는 선택에 대해 말하고 있는 것이다.

※ 하루 10분 진짜 나를 만나는 질문

1. 의무적인 행동 중 당신이 하고 있는 행동이 있는가?
2. 그중 한 가지를 택해 의무적인 행동을 벗어나기 위한 액션 플랜을 세워보면 어떨까?
3. 과감히 의무적인 행동에서 벗어나 나에게 정말 도움을 주는 행동을 하면 어떤 느낌일까?

2

사소한 것은 절대
사소하지 않다

제주도에 와서 줄곧 차를 타고 다녔다. 아이들의 학교나 자주 가는 마트 모두 걸어가기에는 애매한 거리에 있었다. 게다가 우리 집은 야자수가 죽 늘어선 타운 하우스 골목 맨 끝에 있었다. 어느 봄날 해 질 녘쯤 집으로 들어오는 차 안에서 갑자기 이런 생각이 들었다.

'이 길을 자전거를 타고 나온다면 기분이 정말 끝내주겠는데!'

어릴 때 두발 자전거를 배울 때야 신나게 탔지만 성인이 된 이후에는 자전거를 탈 기회가 많지 않았다. 미사리 조정 경기장에서 가족 네발 자전거 외에는 타 본 기억이 없었다. 갑자기 떠오른 생각이었지만, 꼭 한번 해보면 좋을 것 같았다. 집으로 들어오니 큰딸이 나를 반겼다. 평소보다 더 반가워하는 모습에 무슨 할 말이 있나 싶었는데….

"엄마! 나 자전거 갖고 싶어!"

딸도 나랑 비슷한 생각을 했었나 보다. 나는 고민하지 않고 대답했다.

"그래, 주말에 한번 자전거 가게에 가보자!"

왠지 우리 가족에게 재미있는 일상을 선물할 것 같다는 생각이 들었다. 주말이 되기 전 딸에게 꼭 맞는 크기의 자전거가 생겼다. 교회 권사님께서 손녀가 타던 것을 주셨는데 조금만 손보면 타는 데 문제가 없을 것 같았다. 딸의 자전거를 고치러 가면서 '중고 자전거가 10만 원 정도라면 내 것도 사야지. 이왕이면 핑크색 하얀 바구니 달린 자전거가 있다면 딱 좋겠다!'라고 생각했다. 자전거 가게에 도착하자 한쪽 구석에 신기하게도 하얀 바구니의 분홍색 중고 자전거가 놓여 있었다. 내가 생각한 바로 그 모양새였다.

"아저씨! 이거 파시는 거예요? 얼마예요?"

"9만 원에 가져가!"

망설일 필요도 없이 바로 현금으로 계산했다! 그렇게 나도 자전거를
갖게 되었다. 다음 날 아침 일찍 새로 산 자전거를 타고 집을 나왔다. 상
상했던 대로 자전거를 타고 내려오는 야자수 거리는 싱그러웠다. 바람이
코끝을 타고 머리카락을 찰랑이며 지나가면 나도 모르게 웃음이 났다.

우리는 하루 중 떠오르는 생각의 대부분을 우습거나 사소하다고 여기
곤 한다. 일에 대한 걱정, 가족의 문제, 쌓인 빨랫감에 대해 생각하느라
나 자신의 요구에 응답할 시간이 없다. 좋은 아이디어가 떠올라도 이내
'쓸데없는 생각'으로 치부한다. '굳이 그걸 뭐 하러 해!'라는 핀잔의 말로
무시한다. 때론 이런 '쓸데없는 생각'이 '재미있는 생각'이 될 수 있다. 갑
자기 드는 좋은 생각이 있는가? 당장 한번 해볼 수 있는 어렵지 않은 시
도는 너무 많다.

'오늘은 날씨가 좋으니 바다에 나가고 싶다!'
'갑자기 친구 ㅇㅇ가 생각나네! 연락해볼까?'
'아이의 물감으로 내 그림도 그려볼까?'
'저 성당에 들어가 볼까? 마음이 평온해질 것 같아!'
'향기가 근사한 저 가게에 한번 들어 가볼까?'

잠깐 들어가 사온 향초가 며칠을 기분 좋게 만들어준 적이 있다. 갑자기 생각난 친구에게 전화를 했더니 친구도 마침 내 생각을 하고 있었다며 의미 있는 대화를 나눈 적이 있다. 우연히 든 생각이 사소해 보여도 우리 삶을 갑자기 충만하게 채워주기도 한다.

줄리아 카메론은 『아티스트 웨이』 책에서 모닝페이지를 쓰라고 권한다. 아침에 쓰는 일기인 이 작은 행동으로 우리 내면의 어린 아이를 키울 수 있다고 말한다. 유명한 감독 마틴 스코세이지의 전 부인이기도 한 줄리아 카메론은 미국의 소설가이자 시나리오작가, 영화감독으로 커리어를 쌓았다. 그녀는 남편과 이혼 후 우울증으로 알코올 중독에 빠지게 된다. 외딴 시골에 집을 얻고 혼자만의 시간으로 이혼의 아픔을 극복하기를 원했던 그녀도 모닝페이지를 쓰면서 새로운 삶을 살게 되었다고 한다. 그런 경험을 『아티스트 웨이』라는 책으로 남겨 많은 사람들이 아픔을 어루만지고 상처를 치유하도록 돕고 있다. 모닝페이지는 매일 아침 세 쪽에 걸쳐 떠오르는 것들을 자연스럽게 쓰면 된다. 쓸 만한 말이 떠오르지 않을 때에도 꿋꿋이 세 쪽을 채우는 과정에서 우리는 내면의 소리에 귀 기울이는 방법을 알게 된다.

직업적으로 필요한 충고든 생활 속의 작은 활력이든 우리는 내면의 소리에 귀를 기울이면서 원하던 바를 깨닫게 된다. '이걸 시도해봐, 이렇게 하면 좋겠어!' 작은 영감에 따라 사전계획에 없는 멋진 일로 새로운 하루를 만들 수 있다.

"엄마 블루베리 좋아! 블루베리 주세요. 콩은 싫지만 두부는 맛있어. 두부 많이 주세요."

"식빵에 땅콩 잼 바르고 바나나를 잘라서 올려 먹을 거예요. 바나나 사요!"

나의 어린 아들은 자신이 원하는 것을 말하는 데 주저하지 않는다. 그런 아이가 귀엽고 대견해 원하는 것 모두를 들어주고 싶은 것이 엄마의 마음이다. 아이는 그런 자신의 마음을 알아주면 행복한 미소를 짓는다. 어른도 아이의 마음과 다르지 않다. 어른들은 쉽게 돈을 핑계 삼으며 자신의 원하는 것을 무시한다. 사실 진짜 마음이 원하는 것을 하는 일엔 그렇게 많은 돈이 들지 않는다.

나는 제주에 온 뒤 무화과의 매력에 빠졌다. 무화과를 처음 접한 순간 이렇게 부드럽고 달콤한 과일을 모르고 살았던 지난날이 한스럽기까지 했다. 안타까운 것은 그 경이로운 맛을 가족 중 나만 알게 된 것이다. 매번 마트에 가서 무화과를 보면 아들이 좋아하는 멜론과 딸이 좋아하는 사과와 놓고 견주다가 나의 무화과만 내려놓고 오게 되었다. 어느 날 아침 모닝페이지를 쓰며 이런 질문이 떠올랐다. '나에게 즐거움을 주는 사치는 무엇일까?' 바로 무화과가 떠올라 마트에서 무화과 한 박스 샀다. 그날 나의 하루는 감사와 행복으로 채워졌다. 리코타 치즈로 무화과 과일 샐러드를 만들어 먹기도 하고 오후엔 크래커에 얹어서 간식으로 먹었다. 이런 충만한 행복은 단순히 한 박스에 13,800원하는 무화과를 사서 채워진 것은 아니다. 나의 작은 마음의 소리에 귀 기울이고 들어주려는 노력이 있기에 가능한 것이다.

당신은 어떤가? 같은 질문으로 떠오르는 즐거운 사치가 있는가? 여기서 말하는 사치란 비싼 가방이나, 명품 옷, 고급 휴양지로 떠나는 해외여행 같은 것은 아니다. 정기 배송되는 취향에 맞는 잡지나 향이 좋은 찻잎을 사는 것은 큰돈이 들지 않지만 오랫동안 행복감을 전해준다. 혹은 시간의 사치를 해볼 수도 있다. 혼자서 좋아하는 공연이나 전시를 보러 가거나 잘 먹어보지 못한 이국적인 한 끼 식사를 해보는 것도 좋다. 평소엔 하지 않는 작은 경험을 선물해보는 것으로 우리는 자신을 돌보는 삶을 사는 즐거움을 느낄 수 있다.

미국의 커뮤니케이션 전문가이자 작가인 샘 혼은 2015년 '물가에서 1년 살기 프로젝트'를 하게 된다. 산타바버라 인근 캘리포니아 101번 고속도로 위를 달리고 있을 때 갑자기 내려온 '하늘의 계시'에 그녀는 차를 멈추고 단숨에 글을 써내려갔다. 미국 전역의 물가를 찾아다니며 생각하고 깨달은 바를 기록하기로 하고 5개월 뒤인 10월 1일에 출발 날짜까지 정한다. 그녀의 표현에 빌리자면 이는 '내려 받은 꿈'이었다. 아름다운 미국의 호수와 강, 폭포 대양 등지를 여행하며 흥미로운 인물들을 인터뷰하고 느끼고 배운 것을 책으로 썼다. 이는 『오늘부터 딱 1년, 이기적으로 살기로 했다』라는 제목으로 우리나라에도 출간되었다. 그녀가 잠시 스치는 생각을 별것 아닌 일로 여겼다면 우리는 그녀의 아름다운 글을 읽고 영감을 얻을 수 없었을 것이다. 작은 내면의 소리에 귀 기울여 멋진 경험을 책으로 낸 그녀에게 감사한다.

이런 큰 프로젝트를 진행하는 것뿐만 아니라 단순히 평소에 해보지 못한 일을 한번 해보는 것 모두 우리 삶의 행복과 활력을 준다. 내면의 사소한 소리도 놓치지 않으려는 노력이 주는 값진 선물과 같다.

어느 책갈피에서 '영원히 행복하게 사는 유일한 방법은 하루하루를 늘 행복하게 사는 것뿐'이라는 문구를 본 적이 있다. 인생에 행복을 더하는 일은 작은 마음의 소리에 귀 기울일 때 가능한 것이라 생각한다. 주어진 하루를 흘려보낼지 새로운 경험으로 채우는 날의 시작으로 삼을지는 지금 하는 그 사소한 결정에 달려 있다.

※ 하루 10분 진짜 나를 만나는 질문

1. 앞으로 살 날이 1주일 남았다면 당장 하고 싶은 일이 있는가?
2. 방금 떠오른 그 아이디어를 실천하려면 어떻게 하면 될까?
3. 일상 속에서 나에게 즐거움을 주는 작은 사치는 무엇일까?

3

매일 같은 환경을 만들어
루틴 강화하기

세바시(세상을 바꾸는 시간,15분)에서 젊은 여성 CEO를 보았다. 표정
이 밝은 그녀의 강의 주제는 "반복하면 행복해지는 '리추얼'의 비밀"이
었다. '리추얼이 뭐야?' 하는 이들도 있을 것이다. 나도 처음 그 말을 들
었을 때 사전을 찾아보았다. 리추얼[Ritual]은 '항상 규칙적으로 행하는
의식과 같은 일'을 말한다. 그녀는 직장생활 중 자신을 돌아보지 못하고
앞만 보고 살아가는 삶의 회의를 느끼고 자신의 일상을 돌아보게 되었
단다. 진짜 나를 발견하는 비법은 '리추얼'에 있다는 생각에서 출발 〈밑
미:meetme〉라는 온라인 플랫폼을 만들었다고. 이 플랫폼에서 제공하는
리추얼은 우리에게도 익숙한 것들이다. 운동이나, 명상, 건강하게 먹는

것부터 글쓰기, 그림 그리기, 음악 감상 등 삶에 긍정적인 영향을 주는 활동들까지 다양하다. 이런 작은 활동으로 누구나 달라질 수 있다며 함께하기를 독려한다. 나도 내 삶의 '리추얼'을 만들면서부터 변화가 시작됐던 것 같다.

새로 자전거를 산 다음날부터 아침마다 나는 집 밖으로 나왔다. 봄날의 싱그러운 공기를 느끼며 타는 자전거 덕에 기분이 좋아지기도 했지만 진짜 이유는 따로 있었다. 집에 있으면 소파에 앉고 싶고, 앉으면 TV를 켜게 되는 패턴을 끊고 싶었다. 더 이상 그렇게 시간을 흘려보내고 싶지 않았다. 첫날은 그냥 자전거를 타고 앞으로 쭉 나가보자 생각했다. 바다를 향해 달리다 보니 별 다방이 보였다. 커피를 한잔시켜 2층으로 올라가 책을 읽었다. 두 시간이 흘러 카페 밖으로 나오는데 기분이 끝내줬다. 별 다방에서 책을 읽은 것이 오늘 처음이 아닌데 마치 처음인 듯 신기한 감정이 느껴졌다. 순간에 충실한 사람이 느낄 수 있는 삶의 충만함 같은 것이었다. 뿌듯한 이 느낌이 좋아 다음 날도 나왔다. 비가 오는 날도 바람이 심한 날에도 여벌 옷 하나 챙겨 혹은 모자를 푹 눌러쓰고 자전거를 타고 나왔다. 집에 있을 때 받는 유혹이 없으니 쓸데없이 감정 소모가 없어 좋았다. 그저 이 순간이 즐거웠다. 9시 반에 작은 아이가 유치원에 가면 바로 에코백에 물 한 병, 책 한 권, 노트 하나 넣어 자전거 안장에 앉는 것으로 나의 리추얼은 시작됐다.

사람들은 종종 그것이 하고 싶어서가 아니라 그게 익숙해서 하게 될 때가 있다. 소파에 앉았는데 리모컨이 보이니 TV를 켜게 되거나, 별로 배고프지 않아도 식탁에 빵이 보이니 먹게 된다. 특별히 의식하지 않고 하게 되는 행동들이다. 최고의 변화는 어떻게 만들어지는가를 연구하는 제임스 클리어는 『아주 작은 습관의 힘』에서 아침마다 사과를 먹기 위해 과일용 그릇을 사서 식탁 한가운데 사과를 놓았다고 한다. 언제든 사과를 볼 수 있도록 환경을 바꾸자 마법처럼 매일 사과를 먹게 된 그의 이야기가 시도하기 어려운 과제로 느껴지지는 않는다. 이런 작은 실천으로 우리도 충분히 좋은 습관을 들일 수 있다. 나는 매일 아침 유산균 먹기 위해 정수기 바로 옆에 유산균을 놓았다. 그 후에는 아침마다 잊지 않고 물 한잔을 마시며 유산균을 먹을 수 있게 되었다. 딸 방에 정리되지 않은 쓰레기 많은 것을 보고 좀 더 큰 쓰레기 통으로 바꾸고 책상 바로 옆에 두었다. 이런 작은 환경의 변화로 잔소리 없이도 긍정적인 행동을 이끌어낼 수 있다.

제임스 클리어는 '가장 좋은 선택은 가장 잘 보이는 신호'라며 좋은 습관에 대한 신호를 눈앞에 보이게 만들면 자연스럽고 쉽게 결정을 내릴 수 있다고 말한다. 나는 긍정적인 신호로 자전거 안장에 앉는 것으로 정하고 소파 쪽을 쳐다보지 않았다. 한동안은 정말 거실 소파 쪽으로 눈도 돌리지 않았다. 우리 모두는 환경을 바꿈으로써 자신만의 세계를 디자인할 수 있다.

여기 자신의 세계를 효과적으로 디자인한 위대한 창조자들의 일상을 엿볼 수 있는 책이 있다. 메이슨 커리가 쓴 『리추얼』이다. 이 책은 어느 날 지은이가 다른 작가들의 일하는 방식이 궁금해 인터넷을 뒤적이다 만들게 되었다고 한다. 그는 일상의 방해를 극복하고 자신만의 시간을 지키는 '리추얼'의 힘을 예술가들의 습관에서 찾았다. 161명의 지성들은 저마다의 결정적인 리추얼을 가지고 있었다. 놀라운 것은 그들 모두 창작을 방해하는 삶의 장애물들을 극복하기 위해, 스스로 약속을 지키기 위한 자신만의 방법을 고집스럽게 지켰다는 사실이다.

작가를 꿈꾸는 내게 인상적이었던 작가들의 삶을 조금 소개하고 싶다. 『톰 소여의 모험』을 쓴 작가 마크 트웨인은 1874년 농장의 자그마한 개인 서재에서 가장 왕성한 창작 활동을 했다. 그의 일상은 단순했다. 푸짐한 아침식사를 끝내면 서재에 가서 저녁식사가 있는 오후 5시까지 두문불출했다고 한다. 점심은 먹지 않고 가족들도 서재 근처에 얼씬하지 않아 그는 오랜 시간 작업에 몰두할 수 있었다고 기록되어 있다. 저녁 후에는 가족과 시간을 보내며 자신을 쓴 글을 읽어주었다고 한다. 남에게 방해받지 않고 고요한 리추얼을 한 작가가 있었는가 하면 『오만과 편견』을 쓴 제인 오스틴은 '온갖 방해를 받으면서' 글을 썼다고 할 만큼 분주한 일과 중에 글쓰기 의식을 가졌다. 오스틴은 가족이 일어나기 전 일어나 피아노를 연주하고 9시에 가족을 위한 아침식사를 준비하는 것이 주된 가사였다. 그 후 자리를 잡고 글을 쓰기 시작해 3~4시까지 썼다. 그 후엔 소설을 소리 내어 읽거나 집필중인 작품을 가족에게 읽어주기도 했다. 독립된 삶을 살 수 없었지만 후의 그녀의 작품을 보면 만족스러운 생활이었다고 짐작한다. 두 사람의 세계가 지금 그것과 전혀 다르지만 우리가 교훈으로 삼을 만한 2가지 공통점을 찾을 수 있었다.

하나는 원하는 일에 어떻게든 자기만의 시간을 내었다는 점이다. 점심을 거르면서 글쓰기에 집중하는 모습이나 거실 귀퉁이에 자리 잡고 글을 쓴 모습 모두 본인의 시간과 환경에서 최선을 찾으려는 노력이 있었으리라….

다른 하나는 평범한 보통의 일과 중 삶에 온전히 집중하는 태도가 그렇다. 가족을 돌보고 함께 먹고 저녁엔 한곳에 모여 소설을 읽어주며 서로의 삶을 나누고 기뻐하는 생활은 우리에게도 깊은 울림을 주기 충분하다.

나는 예술가도 아니고 리추얼 같은 것 할 필요가 없다고 생각하기는 아직 이르다. 요즘 사람들이 좋은 루틴 하나쯤은 필요하다 느끼고 있음을 짐작할 만한 기사가 여기 있다. 천지일보의 "2030열광하는 아침 루틴"이란 제목의 기사(2021.03.17.)에서는 아침에 어떤 방해도 받지 않는 나만의 시간을 확보하기 위해 일찍 일어나 인증하는 이들이 많아졌다고 한다. 성장 관리 앱 '그로우'에서 확인한 '미라클 모닝' 게시물 수는 2개월간 2만 건에 달한다고 한다. 홈트, 명상, 요가, 독서, 경제주식공부, 반려

동물산책 등의 활동을 하면서 삶을 행복하게 만드는 에너지를 얻고 하루를 길게 쓰고 싶어 하는 이들이 늘어나고 있다. 나도 한번 해보자는 결심이 드는 이가 있다면 절대 실패하지 않는 좋은 습관을 들이는 꿀팁 3가지를 기억하면 좋겠다.

첫째, 새로운 습관은 새로운 환경으로 한다. 내가 별 다방에 가서 책을 읽었을 때 집중이 더 잘 되고 계속할 수 있었던 이유를 설명해주는 대목이다. 새로운 습관을 들이고 싶다고 환경을 바꾸기를 주저하지 마라. 새 습관을 들이는 시기엔 환경 변화를 위해 기꺼이 커피 값을 지불하자.

둘째, 한 공간에서는 한 가지 일만 한다. 나에게 아침 요가 습관을 갖게 해주었다. 요가매트 자리를 따로 정하고 거울과 인센스 스틱도 놓았다. 향이 좋은 향초를 매번 요가할 때마다 켜두어 분위기를 느꼈다.

셋째, 긍정적인 신호를 만들자. 사과 먹는 습관을 들이기 위해 식탁에 과일접시를 둔 것처럼 책을 읽고 싶다면 침대 옆 스탠드에 책을 펼쳐놓자. 일찍 일어나고 싶다면 자리에서 일어날 때 신을 따뜻한 슬리퍼를 놓자. 악기연주 시간을 갖고 싶다면 악기를 보이는 곳에 꺼내놓자. 이런 작은 시도로 충분히 나만의 루틴을 강화시킬 수 있다.

이렇게 환경을 바꾸고 계속할 수 있는 루틴으로 변하게 되는 시점은 사람마다 다르다. 내 경우에 '이렇게 하는 것이 즐겁다'고 느끼는 순간이 올 때부터인 것 같다. 좋은 습관은 하면 할수록 계속 유지하고 싶어진다.

내가 별다방에서 아메리카노 한잔을 시켜놓고 매일 보낸 두세 시간은 생산적이고 만족스러웠다. 책을 읽고, 노트에 끄적이거나, 블로그에 글을 쓸 수 있는 곳은 커피숍 아니어도 가능하지만 그 같은 환경을 매일 만드니 나의 루틴을 강화할 수 있었다. 루틴을 지키며 내가 무엇을 할 때 정말 좋은지 진지하게 탐색할 수 있었다. 버거운 일상 속에서 원하는 일을 놓치거나 미루지 않고 실행할 수 있도록 도와주었다. 매일 같은 환경을 만들어 루틴 강화하면서 지금 당장 원하는 일을 할 수 있는 사람이 되었다. 나만의 리츄얼을 만들어보자. 작은 셀프코칭으로 더 나은 인생을 살 수 있다. 똑같은 경험을 당신도 할 수 있을 것이다.

※ 하루 10분 진짜 나를 만나는 질문

1. 언젠가 꼭 해보고 싶은 일이 있다면 무엇인가? 왜 지금껏 하지 못했는가?

2. 그 일을 바로 오늘 해본다면 언제, 어디서 할 수 있을까?

3. 마음에 담아 놓은 그 일을 매일 할 수 있는 적당한 장소가 떠오르는가?

4

감정을 통제해야
진짜 내가 보인다

"당신 3시간 내내 애들 TV 보여준 거야?"

"회사 전화가 와서 통화하느라 어쩔 수 없었어. 금방 온다더니 뭔 일을
보고 이제 와?"

"전화를 3시간 동안 했다고? 애들한테 그만보라고 하고 놀라고 하면
되잖아?"

"전화가 와서 통화하느라 그랬다고 했잖아. 왜 그렇게 짜증을 내?"

"내가 지금 짜증을 안 내게 생겼어? 2주 만에 본 애들하고 놀아주지는
못할망정 TV만 보여준 사람이 뭐 잘했다고 짜증을 내냐 마냐 하는 거야.
당신이 잘했으면 짜증냈겠어?!"

"내가 회사일로 전화하느라 그랬다고 했지! 같은 소리 하게 할래? 참으려고 했는데 먼저 짜증나게 한 사람이 누군데! 이게 내 탓이야?"

오랜만에 제주에서 아이들 아빠를 만나러 서울로 간 주말이었다. 우리 부부는 작은 일을 큰 싸움으로 만들어 아이들이 보는 앞에서 이렇게 소리를 지르며 싸우고 있었다. 친정아버지와 서울에 손님을 만나러 잠시 나갔다온 사이였다. 들어와보니 어질러진 집안 꼴은 그렇다 치고 한 명은 핸드폰을 붙들고 소파에 한 명은 만화를 크게 틀어놓고 바닥에 늘어져 있는 모습에 화가 치밀었다.

'2주 만에 보는 애들을 어떻게 저렇게 방치할 수 있지? 당신이 잘했으면 내가 이렇게 짜증이 났겠어?'

결국 서로 입에 담을 수 없는 욕까지 하며 싸우고 쓰레기통에 빗자루까지 던지고 나서야 정신을 차렸다. "이혼하자 이렇게는 살 수 없다."라고 말하곤 큰아이만 데리고 집밖을 나왔다.

우리 부부는 상대를 탓하며 문제의 원인을 다른 곳에서 찾았다. 그날 우리가 싸운 본질적인 문제는 다른 데 있었다. 남편은 오랜만에 제주도에서 온 가족과 함께 있고 싶었다. 그런 그의 예상과는 달리 미리 양해도 구하지 않고 일 핑계로 나간 와이프에게 서운했다. 내가 다녀와서 아이들이랑 있느라 고생했다고 말해주길 바랐는지 모른다. 나의 입장은 달랐다. 평소 제주도에서 혼자 아이를 키우는 나는 오랜만에 아빠가 아이들과 의미 있는 시간을 보내며 내게 자유를 주었으면 하고 바랐다. 죽어라 싸웠지만 우리는 아무 성과 없이 소중한 주말 시간을 낭비했다.

우리는 내가 느끼는 감정의 원인을 밖에서 찾을 때가 많다. '참으려고 했는데 당신이 그런 소리를 해서….', '화를 안내려고 했는데 아이가 대들어서….', '니가 짜증을 내니까, 나도 화가 나서….' 이런 핑계로 내 감정의 통제권을 남에게 넘긴다. 이런 식의 대화는 너무 쉽고 의식하지 못하는 사이에 벌어지고 만다. 화를 내거나 상처를 받는 것 좌절의 기분 모두 다른 환경에 의해서이지 내가 어떻게 할 수 있는 것이 아니라고 생각한다. 과연 그럴까?

세바시 강의에서 리플러스 박재연 대표가 이런 그림을 가지고 나와 강의를 시작했다.

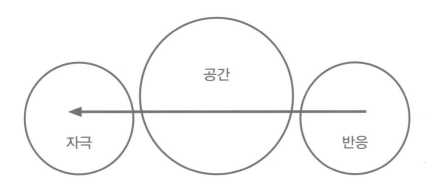

자극과 반응 사이에 간격이 있다. 나는 똑같은 강의를 몇 년 전에도 들은 적이 있었다. 당시에는 이 개념을 전혀 이해하지 못했다. 어느 책에서도 같은 내용을 읽은 적이 있었다. 몇 년이 지나 다시 강사의 강의를 들으면서 이제는 내가 이 내용을 완전히 이해했구나 생각했다. 여러 차례 이 개념을 접하면서 나는 이 그림이 뜻하는 바를 완전히 받아들일 수 있게 되었다. 이 내용은 『죽음의 수용소에서』를 쓴 작가이자 정신과의사 빅터 프랭클이 한 이야기이다.

"자극과 반응 사이에 공간이 있다. 그리고 그 공간에서의 선택이 우리 삶의 질을 결정한다."

감정을 선택할 수 있는 사람은 바로 우리 자신이다. 너무나 중요해서 다시금 말하고 싶다. 자극과 반응 사이에 간격이 있고 이 사이에서 우리는 '선택'을 할 수 있다.

남편과의 싸움에서 나는 내 감정을 선택할 수 있었다. 짜증을 내고 남편을 탓할지, 이미 벌어진 상황을 잘 넘기고 좋은 추억을 쌓는 주말로 만들지 선택권이 나에게 있었다. 우리는 살면서 이런 상황에서 화내는 것이 당연하다고 습득해왔다. 상처받는 상황에 반응하고 나의 감정을 보호하기 위해 상대를 공격하는 방식으로 사는 것에 익숙하다. 그러나 내가 느끼는 분노, 마음의 상처, 좌절, 수치심, 두려움에 대응하는 방법은 얼마든지 연습하고 훈련하여 바뀔 수 있다. 감정은 통제 가능하다. 지금 이 순간에 스스로 부정적인 생각에 빠지지 않고 전혀 다른 행동을 선택하기로 한다면 말이다. 지금 당신이 감정을 나타내는 방식은 습관으로 길들여진 것일 뿐이다. 끊임없이 노력하고 실수를 반복하더라도 다시 시도한다면 충분히 바꿀 수 있다. 절대 쉽지 않다. 하지만 가능하다.

내가 굉장히 좋아하는 책 『기분이 태도가 되지 않게』에서는 좋은 태도는 체력에서 나온다고 주장한다. 외부 환경에 의해 우리의 기분이 좌지우지 된다고 생각하기 쉽지만 중요하게 생각할 것은 체력이라는 의견에 나도 동의한다. 이후 기분이 좋지 않을 때 나 자신에게 3가지 질문을 한다.

1. 오늘 밥은 잘 챙겨 먹었나?
2. 어제 잠은 얼마나 잤지?
3. 요즘 운동하고 있었나?

영양학자들은 우울증과 감정기복이 음식과 연관 있다는 연구결과를 발표하고 있다. 잠이 부족할 때 평소보다 쉽게 감정적으로 행동하기 쉽다. 기분이 우울할 때 달리기를 하거나 제자리 뛰기를 하는 것만으로 기분이 나아지는 것을 경험하기도 한다. 하루를 마무리하며 이유 없이 신경질이 날 때 '지금 피곤하구나?' 자각을 하게 되면 아이들에게 화내지 않고 마음을 가라앉힐 수 있게 된다.

우리는 때로 부정적인 감정이 나쁘다고 생각한다. 그렇지만 사람이 늘 즐겁고 기쁠 수는 없다. 어떤 날은 우울하고 화가 나기도 하는 게 당연한 것이다.

어떤 가수가 항상 웃는 얼굴로 좋은 이미지만 보이려고 노력했더니 사람들이 가식적이라고 욕했다며 방송에 나와 우는 것을 보았다. 본인은 감정을 숨기고 좋은 모습만 보여야 한다고 생각했는데 그렇지 않다는 것을 깨달았다고 한다. 방송에서 화내고 짜증내는 모습을 보일 수야 없겠지만 솔직히 감정표현을 하며 웃고 슬퍼하는 인간적인 모습에 사람들은 호감을 갖게 된다. 그녀뿐만 아니라, 많은 사람들이 자신의 감정을 적당히 감추며 살려고 노력하지만 다양한 감정을 느끼는 것은 인간의 자연스러운 본성이다. 내가 느끼는 감정이 화나고 우울하더라도 자연스럽게 받아들이는 것이 건강하다. 내가 나의 감정을 판단하고 평가하지 말길 바란다.

중요한 문제는 부정적인 감정이 들 때 어떻게 행동할지이다. 질투가 난다고 상대를 찾아가 해를 입히는 사람이 있는가 하면 더 멋진 사람을 만나기 위해 자신을 가꾸는 사람도 있다. 내가 이런 걸로 질투를 한다니 자책하지 말고 긍정적으로 행동하는 계기로 만들어보자.

1년 전의 어떤 일로 화가 났는지 기억하는 사람은 없다. 혹시 기억이 난다고 하더라도 그 일로 아직까지 참을 수 없이 화가 치밀어 오르는 사람은 없을 것이다. 감정은 잠시 견디면 지나간다. 당장 감정을 주체할 수 없을 만큼 화가 나는 일이 생길 때면 그 분노를 가라앉힐 방법을 찾는 것이 더 낫다.

삶이 통제할 수 없는 상황으로 우리를 방해하고 있다고 느끼게 하는 날도 있다. 새로 산 예쁜 구두를 신은 날엔 꼭 비가 오고, 나가려고 갈아입은 옷에 커피를 쏟기도 한다. 늦으면 안 되는 약속에 갈 땐 차가 말썽이다. 이때 짜증이 나고 기분이 나빠 씩씩거릴 수 있지만 이런 일은 우리가 선택할 수 없다. 그럴 땐 그럴 수 있지 마음먹는 편이 훨씬 편하다.

tvN 드라마 〈갯마을 차차차〉에서 항상 비가 올까 봐 우산을 들고 다니는 여주인공 혜진의 손을 잡고 빗속으로 달려가는 남주인공 두식이 바닷가에서 이렇게 말한다.

"소나기 없는 인생이 어디 있겠어? 이럴 때는 어차피 우산 써도 젖어 이럴 땐 '아이 모르겠다' 하고 그냥 확 맞아버리는 거야."

그들은 그렇게 한참 비를 맞고 논다. 삶의 어쩔 수 없는 상황에서 행복을 선택할지 불행을 선택할지는 나에게 달려 있다. 그냥 '아이 모르겠다.' 웃어넘길 수 있다면 더 큰 불행을 막을 수 있다.

나는 부부싸움 후 집을 나가 큰아이와 내가 좋아하는 설렁탕 가게로 갔다. 아이에게 부모로서 우리가 보인 모습이 부적절했다고 사과했다. 우린 좋아하는 설렁탕으로 배를 든든하게 채우고 곱빼기 설렁탕 한 그릇을 싸와 남편에게 주었다. 그러곤 내 감정을 최대한 통제하며 저녁에 다 같이 찜질방에 가자고 제안했다.

나는 초등학생 큰아이가 이 싸움을 마음속으로 기억하고 상처로 간직하지 않길 바랐다. 남편에게도 솔직하게 말했다. 아까 한 말들에 상처가 가시지 않고 화가 나지만 아이들을 생각해서 같이 찜질방에 갔으면 좋겠다고. 우리는 같이 삶은 계란과 식혜를 나눠 먹으며 웃지는 못했지만 아이들의 놀란 가슴을 위로할 수는 있었다.

새로운 개념을 내 것으로 만드는 데 한두 번의 시도로 가능하다고 생각하지 말자. 그것을 되풀이해 연습하고 또 연습해야만 내 것이 될 수 있다. 일상의 무수한 자극에서 자기 파괴적인 행동을 할지 내 감정을 책임질지는 오로지 나의 선택에 달려 있다. 이는 어려운 작업이지만 셀프코칭을 통해 가능하다.

부정적인 감정을 걷어내고 내 감정을 통제 할 수 있을 때에야 진짜 나를 볼 수 있다. 이는 행복을 향한 가치 있는 선택이 될 것이다.

※ 하루 10분 진짜 나를 만나는 질문

1. 최근 화를 내거나 감정을 표출해서 후회한 적이 있는가? 그때 어떤 느낌이었나?
2. 바쁘고 스트레스가 가득 찬 날 단순히 잘 먹고 잘 자고 가벼운 운동을 한 후 달라진 감정의 변화를 경험한 적이 있는가?
3. 격한 감정의 소용돌이 칠 때 어디서, 어떻게 행동할지 계획을 세워보자.

강력한 나만의
에너지로 시작하자

작년 베스트셀러 중 『나의 하루는 4시 30분에 시작 된다』라는 책이 있다. 나는 신간 베스트셀러 구역에 놓여 있는 저 책의 제목을 보고는 입을 삐죽 내밀었다. 나도 미라클 모닝을 한다고 새벽 5시에 일어나고 있었다. 그때 난 겨우 정말 겨우겨우 일어났다. 나보다 30분이나 일찍 일어나서 베스트셀러 책을 써낸 그녀를 향한 시기어린 질투의 감정을 느꼈다. 이전에도 아침 시간을 기적으로 만들라고 권하는 책들은 많았다. 새벽 기상을 찬양하는 많은 책을 읽었지만 그중 단연 1등은 『미라클 모닝』이다.

미라클 모닝은 새벽에 일어나 명상, 확신의 말하기, 일기 쓰기, 시각화 그리고 독서와 운동의 6가지 활동을 10분씩 할당해서 1시간 정도하는 것을 말한다. 세계적인 동기부여 전문가 할 엘로드의 개인적인 경험을 바탕으로 쓰인 이 책은 이 활동만으로 삶 속에서 즉각적이고 극적인 변화를 경험할 수 있다고 주장한다.

처음 그 책을 읽었을 때 나는 막 삶의 변화를 꿈꾸던 때였다. 새벽 기상을 하며 아침시간의 좋은 점을 경험하고 있었기에 곧바로 따라 해보자 결심했다. 6시에 일어나던 나는 5시에 일어나서 6가지 활동을 전부 시도했다. 확신의 말하기를 하고 시각화하는 작업을 할 때 고취되는 기분에 하루일과도 더욱 꽉 채워지는 것 같았다. 한동안은 정말 책의 저자가 말하는 것과 같은 놀라운 변화가 찾아오리라는 기대감을 가지고 했다. 하지만 인생의 판도를 완전히 뒤집고 엄청난 성과로 이어지는 즉각적인 변화는 쉽게 찾아오지 않는다.

미라클 모닝은 제목에서 알 수 있겠지만 '아침'에 대한 책이다. 아침을 활기차게 시작하기 위한 방법을 따라 했지만 어떻게 아침을 준비할 수 있는지는 생각하지 못했다. 일찍 일어나려면 일찍 자야하는 데 나는 그렇게 하지 않았다. 당연히 일어나기 힘들고 기적을 체험하기도 전에 지쳤다. 원래 생활패턴대로 늦게 자면서 새벽에 일찍 일어나니 잠이 부족했다. 오전에 좀 멍하고 점심 먹고는 꾸벅꾸벅 졸았다. 그런 나의 생활에 문제가 있다는 생각을 하던 중이었다. 미라클 모닝이 심드렁해질쯤이었다. 5시에 일어나는 것도 회의감이 드는데 4시 30분에 일어나는 사람이 있다니. 세상 사람들은 나 빼고 다들 참 열심히도 사는구나 싶었다.

자기계발이라고 하면 사람들은 흔히 모든 시간을 생산적으로 채워야만 할 것이라 생각한다. 빈틈없이 일하고, 공부하고, 운동하고 바삐 움직여야 한다는 강박이 있다. 그렇지만 우리는 기계가 아니다. 쉬지 않고 돌아가면 기계도 고장이 난다. 우리에게 잠은 굉장히 중요하다. 심리학자 댄 크리케와 그 동료들은 6년여에 걸쳐 100만여 명의 수면패턴을 연구했다. 평균 7-8시간을 잔 사람들의 사망률이 가장 낮았고, 4시간 정도 자는 사람들은 이들보다 2-2.5배 사망률이 높았다. 10시간 이상 잔 사람들도 1.5배 높았다. 너무 길게 혹은 너무 짧게 자는 것 모두 인간에게는 좋지 않다는 결과이다. 수면은 에너지를 충전하고 스트레스를 해소한다. 또 충분한 수면은 집중력을 향상시키고 신체의 기능의 회복과 성장을 돕는다.

『나의 하루는 4시30분에 시작 된다』 저자인 김유진 변호사는 6시 30분에 집을 나서야 하는 직장을 가지고 있었다. 그녀는 출근 전 두 시간을 본인의 시간으로 쓰기 위해 4시 30분에 기상하게 되었다고 한다. 다음 날을 준비하기 위해서 평일 저녁 그녀는 거의 10시 전에 생활을 마무리했다. 나는 그녀의 책을 읽으며 중요한 한 가지를 깨달았다. 그녀의 새벽 기상은 분명한 목적이 있었다. 일어나서 하고 싶은 활동을 하겠다는 목적을 가지고 움직였다. 그저 좋을 것 같은 활동이 아닌 정말하고 싶은 일을 하기 위해 일어나는 아침은 기대감을 갖게 한다.

그 책을 읽으면서 내가 새벽 기상을 하며 가지고 있던 두 가지 문제점을 찾았다. 하나는 왜 일찍 일어나야 하는지에 대한 목적이 불분명했다. 진짜 내가 원하는 일은 무엇이고 왜 새벽에 하고 싶은지를 생각해야했다. 다른 사람이 좋다니까 나도 해야지 따라 하면 금방 지칠 수밖에 없다. 다음은 나의 적정한 수면시간을 파악해 충분히 자야 했다. 6시간 자도 좋은 사람이 있는가 하면 10시간 자야 잔 것 같다는 사람이 있다. 꼭 7시간 수면이 모두에게 적당하다 생각하진 않지만 본인이 몇 시간을 자야 적절한지 아는 것은 중요하다.

나는 몇 달간의 미라클 모닝 활동이 마음에 들었고 계속 유지하고 싶었다. 나는 아침에 글 쓰는 시간을 만들고 싶었기 때문에 두 시간이 필요했다. 나의 일상생활은 8시 정도 시작되니 새벽 6시에 일어나면 되었다. 그럼 전날은 10-11시 사이에 잠이 들면 된다는 계획이 섰다. 이렇게 타당한 이유가 생기니 아침에 일어나는 것이 그렇게 힘들지 않았다. 극적인 변화를 기대하지도 할 엘로드를 원망하지도 않게 되었다.

내가 미라클 모닝을 한다고 하면 사람들은 흔히 2가지 반응을 보인다. '나는 올빼미라 아침에 그렇게 일찍 못 일어나.'라거나 '나도 해봤는데 별 성과 없어서 그만뒀다.'라고 하는 사람이다. 나는 반문한다. "꼭 모닝이

어야 할까?" 나의 삶에 중요한 활동을 꼭 아침에만 해야 성과가 있는 것은 아니다. 『미라클 베트타임』의 저자 김연수 코치는 부모와 아이가 자기 전에 하는 규칙적인 루틴의 중요성을 이야기한다. 규칙적인 생활 속에서 아이가 삶의 리듬을 유지하고, 세상의 규칙을 배우고, 준수하며 건전한 사회인으로 자랄 수 있다고 한다. 자기답게 살아갈 수 있는 법을 익힐 수 있는 방법은 루틴이 있는 일상으로 가능하다고 말한다. 이는 꼭 아이에게만 해당되는 말은 아닐 것이다.

자기 계발이든, 성공적인 커리어를 만드는 일이든 아니면 그저 작은 취미활동일지라도 중요한 것은 '계속하는 것'이다. 남에게 좋다고 그게 꼭 나에게도 좋으리란 법은 없다. 나에게 맞는 방법을 찾아 지속하는 것이 가장 중요하다. 새벽 기상이 나에게 맞는다면 그렇게 하면 된다. 올빼미족이라고 한다면 조용한 밤에 나를 위한 시간을 마련할 수 있다. 아이가 있어 이도저도 어렵다면 아이의 낮잠시간에 나를 위한 셀프코칭의 시간을 만들 수 있다. 아픈 가족이 있거나 시간을 전혀 빼기 힘든 바쁜 워킹맘 일지라도 단 10분, 다만 한 가지의 활동을 할 시간은 마련할 수 있을 것이다. 중요한 것은 우선순위를 어디에 두느냐는 것이다. 나의 성장을 위한 활동을 얼마나 하는지 완벽히 해내는지는 그렇게 중요하지 않다. 따로 시간을 마련하고 조금이라도 계속 하려는 노력을 한다면 그것으로 충분하다.

전에는 아침에 일찍 일어나지 못하면 그날은 망친 날로 생각해 기분이 좋지 않았다. 하루 종일 나를 죄인마냥 탓하고 자책했다. 나를 위해 하는 활동이 나를 자책하게 만든다면 그것만큼 안타까운 일이 있으랴. 이런 생각을 하게 된 후로는 시간에 신경 쓰지 않고 루틴을 한다. 모닝루틴일 때가 많지만, 에프터눈 루틴, 나이트 루틴이어도 상관없다. 명상을 하다가 아이가 깨면 아이를 유치원에 보내고 한숨 돌린 뒤 한다. 아침일기를 쓰지 못한 날은 오후일기를 쓴다. 심리학용어에 실무율적 반응(All or none Response)이라는 것이 있다. 한 가지가 망하면 나머지도 망한다고 생각하는 것이 그것이다. 하루24시간 중 루틴 하나가 틀어졌다고 망한 날로 치기에 하루는 너무 길다. 그렇게 완벽하게 하지 않아도 하는 데에 의의를 두고 하다 보면 긍정적인 결과가 눈에 보이고 결국 그 활동이 좋아서 계속하게 될 확률이 높다.

좋은 것은 알겠지만 도무지 해낼 자신이 없는 사람이라면 2가지를 놓고 다시 목표를 점검하는 시간을 가져보자.

하나는 목표치가 무엇인지 명확히 확인하자. 내가 미라클 모닝의 강력한 장점을 경험하고도 일어나기 어려웠던 이유를 기억하는가? 왜 해야 하는지에 대한 깊은 고민이 빠져 있었기 때문이다. 삶의 긍정적인 활동 한 가지라도 하고 싶다면 왜 해야 하는지에 대해 고민을 해보길 바란다. 운동이라면 살을 빼고 싶은 것인지, 건강을 되찾고 싶은 것인지 명상이라면 명상으로 얻고 싶은 것이 무엇인지를 확실히 정리하면 도움이 된다.

다음은 바로 실천하게 만드는 생각으로 전환하자. 행동하지 못하고 생각만 앞설 때 하려던 일은 곧 스트레스로 다가온다. 이런 생각 자체가 부담으로 다가와 아무것도 하기 싫은 무기력증을 경험하기도 한다. 이때 생각을 조금 바꾸는 것만으로도 시작을 돕는 문구가 있다.

첫 번째는 '해야 하는데'를 '선택하겠어'로 바꾸는 것이다. '해야 한다'는 표현은 나의 의지가 빠져 있다는 느낌이 들어 거부감을 준다. 이때 '선택하겠다'고 말하면 내가 하고 싶어서 하는 일처럼 느껴진다. 두 번째는 '반드시 끝내야 해' 생각이들 때 '언제 시작할까?' 하며 시작 시점을 정해보자. 반드시 끝내야 한다는 생각을 '2시 15분에 바로 시작하겠어.'라고 정하면 미뤄둔 과제가 아니라 계획으로 바뀐다. 세 번째는 '완벽히 해내야 해'란 생각으로 조급해진다면, '인간은 실수해도 괜찮아'란 말로 나를 달래보자. 잘해내지 못할까 봐 망설이는 경우 완벽히 할 필요 없다는 말은 용기를 준다. 인간은 당연히 실수한다는 생각으로 스스로를 다독이면 시작이 두렵지 않다.

새로운 습관을 들이기 위한 전략을 세우지 않으면 대부분 실패한다. 중요한 것은 행복, 건강, 성공을 위해 우리에게 왜 이런 활동이 필요한지 아는 것이다. 바쁘고 정신없는 세상에서 내 인생의 중심을 잡고 살 수 있는 사람은 나 자신이다. 최소한 하루 10분 셀프코칭으로 강력한 나만의 에너지를 충전할 수 있는 시간을 확보하길 바란다.

※ 하루 10분 진짜 나를 만나는 질문

1. 미라클 모닝을 시도하고 싶은 마음이 드는가? 당신 삶에 어떤 영향을 줄 것 같은가?
2. 얼마나 자면 충분한지 알고 있는가? 하루 중 에너지가 넘치는 시간을 알고 있는가?
3. 꾸준히 계속할 수 있다면 어떤 것을 하고 싶은가? 그 결정을 밀고 나갈 나만의 시간을 만든다면 언제가 좋겠는가?

To do list로 머릿속을
단순화하라

당신은 살면서 이사를 몇 번이나 해보았는가? 나는 결혼하고 10년간 다섯 번의 이사를 했다. 그렇게 많은 수는 아니지만 이사라는 것이 번거로운 일이란 것은 알 수 있었다. 이삿날 공과금 정산, 등기부등본 확인 잔금정리. 수수료 납부 같은 돈에 관련한 업무부터 가구 배치, 쓰레기 봉투마련, 집안 사진 찍어두기 등의 자질구레한 일까지 평소에 해보지 않은 일을 생각하느라 머리가 아프다. 이사 갈 집을 고치거나 도배나 장판 같은 인테리어를 새로 해야 한다면 이사 날은 더 복잡해진다.

제주에 와서 줄곧 언니, 조카와 2층짜리 타운 하우스에서 같이 살았다. 아이들이 점점 크면서 살림을 나눌 필요성을 느끼고 이사를 결심했다.

이사하는 날 우리의 많은 짐이 한 집에서 두 개의 집으로 나뉘어가야 했기 때문에 작은 물건 하나까지 신경을 써야 했다. 이사 며칠 전부터 머리가 지끈했다. 몇 번의 이사를 거치면서 나는 이사 시 체크 리스트를 만드는 것이 이사를 훨씬 편하게 만들어준다는 것을 알았다. 간단히 체크해야 할 사항을 직접 적어 만들어도 좋지만 인터넷에 '이사 시 체크리스트'라고 검색해도 유용한 체크시트를 쉽게 찾을 수 있다. 체크리스트의 좋은 점은 빠짐없이 챙길 수 있다는 점이겠지만 그것보다 더 좋은 점은 내 머릿속을 정리할 수 있다는데 있다. 이후 나는 '이사할 때 뿐 아니라 평소에도 체크리스트를 만들 수 있다면 어떨까?' 하는 생각으로 일상의 체크리스트를 만들고 있다. 사람들은 이를 할 일 목록(To do list)이라고 부른다.

나는 3가지 이유로 할 일 목록을 만드는 일을 사랑한다. 첫째는 해야 할 일들을 목록으로 정리하면 더 이상 머릿속에서 둥둥 떠오르지 않고 해야 한다는 압박감도 느끼지 않게 된다. 두 번째 이유는 약속이나 날짜 내에 해야 할 일들을 기록해 놓으면 잊어버릴까 신경 쓰지 않아도 된다. 세 번째는 쇼핑목록을 정리해놓고 물건을 사면 사려던 걸 잊어버리고 다시 가는 일은 없다. 중요한 일에 몰두하다 '아이 준비물을 깜박했네!' 알아차리며 집중을 흐리는 일은 벌어지지 않는다. 인간의 뇌에 대한 신경학적 연구들에서 뇌가 몇 가지 생각을 한꺼번에 처리하는 것을 별로 잘

하지 않는다고 밝혀졌다. 기한이 얼마 남지 않은 고지서, 급히 처리해야 할 일, 보내야 할 선물, 주문해야 할 물건 등 우리가 의식해서 처리할 수 있는 일의 양은 얼마 되지 않는다.

우리는 바쁜 세상에 살고 있다. 과거 사람들은 기술의 발달로 미래 사회인은 더 많은 여가시간을 가질 것이라 예측했다. 현재를 사는 우리는 우물을 길러 빨래를 하지도 않고, 아궁이에 불을 지펴 밥을 해 먹지도 않지만 과거의 사람들보다 더 바쁘게 산다고 느낀다. 처리하지 못한 청구서, 가야 했지만 깜박한 공연전시, 꼭 참석해야 했던 모임, 혹은 업무와 관련해 놓치는 부분은 없는지 계속 생각하느라 머릿속은 더 복잡하다.

『쏟아지는 일 완벽하게 해내는 법 Getting Things Done』의 저자 데이비드 앨런은 자신의 삶을 통제할 수 있는 방법의 첫 번째로 자신의 주의를 끄는 일을 수집하라고 말한다. 수집은 말 그대로 머릿속에 떠도는 생각을 꺼내서 정리하는 것을 말한다. 머릿속의 생각을 끄집어내 정리하는 것만으로 삶의 미해결 과제들을 더 효과적으로 통제하는 법을 배울 수 있다고 한다. 이는 너무나 간단한 방법이라 깜짝 놀랄 수도 있다.

지금 당신을 가장 괴롭히는 일을 떠올려보라. 다음 주에 김장을 해야 하는 일이거나, 막 회사에서 중요한 업무를 배정 받는 일 등이 떠오르는가? 혹은 주식 배당금 1,000만 원을 받아서 어찌 써야 하는 문제가 생겼다면 이 문제들이 완료되려면 어떻게 해야 하는지 생각해보라. '김장을 하지 않고 김치를 산다'거나 '업무 해결을 위해 K에게 도움을 요청한다' 거나 '제주도로 가족여행을 떠난다'처럼 간단한 해결책이 떠오를 수 있다. 그다음으로는 이를 구체화시키는 행동전략을 써본다. 데이비드 앨런은 이 2분가량의 연습으로 상태의 변화 없이 마음의 평화를 얻을 수 있다고 했다. 그저 생각으로만 가지고 있을 때와 머릿속에서 꺼내 정리했을 때의 차이는 이렇게 크다.

심리학에 자이가르닉 효과가 있다. 마치지 못한 일을 마음속에서 쉽게 지우지 못하는 현상을 말한다. 하다가 다른 일로 중단된 일은 심리적으로 더 압박을 준다. 할 일 목록을 작성한 뒤 처리하고 체크 표시를 하면 마음이 편안해지는 것을 느낄 수가 있다. 머릿속의 해방감이 들기 때문이다.

할 일 목록을 관리하는 방법은 다양하다. 나도 여러 앱을 써보기도 하고 다이어리 등을 활용했지만 누구에게 딱 맞는 한 가지의 방법은 없는 것 같다. 내가 봤을 때 어떤 특정 앱이나 처리도구를 사용하기보다 중요한 것은 얼마나 단순한 방식으로 처리되도록 체계화 하였는지 이다. 많은 시간관리 전문가들도 다양한 해법을 제시하지만 결국 본인이 실천하기 쉽도록 돕는 방법을 찾아 하는 것의 중요성을 강조한다.

나의 할 일 목록은 굉장히 심플하다. 별도의 노란 노트에 하루 동안 처리해야 할 일을 3가지 정도 정리한다. 시일을 기록해야 하는 것은 달력을 활용한다. 아이디어가 떠오르거나 꼭 정리해야 하는 것은 핸드폰의 앱이나 작은 수첩에 기록한다. 업무 계획이나 프로젝트는 한번으로 종료되기 어렵기 때문에 별도의 노트를 마련해서 준비한다. 계획 중인 여행이나 원고에 관련된 것은 아이디어 노트에 따로 정리하는 데 중요한 것은 처리하기 위해 바로 이어져야 할 행동도 같이 정리해야 한다는 것이다.

일상생활을 하다 보면 중요한 업무뿐만 아니라 자잘한 집안의 일까지 처리해야 할 일들이 무수히 많다. 내가 글 쓰는 일이 좋다고 집안일을 내팽개치고 책상에만 앉아 있을 수는 없다. 시간이 없다고 배달음식을 시켜먹고 청소도 하지 않으면 건강한 생활을 하기 원하는 나의 신념과 맞지 않다. 나는 작가로 살고 싶지만, 주부이고 엄마이기 때문에 나에게 주어진 일들을 효과적으로 처리하는 방법에 대해 고민하지 않을 수 없다.

나는 집안일을 별로 좋아하지 않는다. 그 때문에 할 일 목록으로 만들어 체크하지도 않는다. 이런 집안일은 해야 하는 시간에 바로 처리하는 편이 더 났다는 것을 깨달았다.

나는 하루 두 번 집안일을 해야 하는 시간을 정해놓는다. 이전에도 언급한 적이 있지만 아침, 저녁 각각 15~30분을 넘기지 않는다. 이때 공과금을 처리하고 빨래를 돌리고, 간단한 요리도 한다. 청소나 물건 정리도 모두 이때 처리한다. 그 시간을 초과할 만큼 시간이 오래 걸리는 일은 주말에 하거나 도움을 받는다. 이렇게 할 때 좋은 점은 하루 종일 집안일과 씨름하지 않게 되는 것이다. 낮 동안에는 의미 있고 일적으로 필요한 업무를 처리하는 데 시간과 주의력을 기울인다. 일하다 해야 할 집안일이 보이더라도 메모지에 간단히 적어놓고 저녁 시간에 처리한다. 집안일은 해도 해도 완벽히 끝낼 수 없다는 특징이 있다. 더 잘하려고 욕심내면 낼수록 더 시간만 끌게 된다. 세상에 완벽을 기해야 하는 일에 집안일은 뺏으면 좋겠다. 나의 삶에 긍정적인 영향을 주는 생산적인 일에 시간을 투자할 수 있도록 말이다.

『아침이 달라지는 저녁루틴의 힘』의 '쓸데없는 고민을 줄여주는 미니멀리즘'이란 챕터를 읽고 크게 공감했다. 저자는 아가씨임에도 불구하고 매일 몇 가지 옷 중에만 골라 입고 봄가을은 본인이 정한 교복을 입고 다닌다. 화장품으로 쓰던 것이 떨어지면 같은 제품으로 재주문한다. 유튜브 구독자가 많은 유튜버임에도 카메라는 한 가지만 쓰고 고장 나지 않는 한 바꾸려는 생각도 하지 않는다. 아침은 소이 라테와 블루베리 베이글로 매일 같은 것을 먹는다. 저자는 선택할 때 고민을 하게 되면 시간과 체력을 써야 하기 때문에 더 가치 있는 일에 소비하기 위해 힘을 비축하는 것이라고 한다. 예전엔 나도 인터넷 최저가로 검색해서 구매하는 것을 중요하게 여겼다. 상품리뷰를 보고 또 보면서 꼭 맞는 물건을 사는 것에 목숨을 걸었다. 다양한 선택지를 놓고 심사숙고 하는 것이 현명하다고 생각했다. 지금은 아니다 똑같은 옷을 다섯 개 사서 돌려 입고 생필품은 쿠팡 주문 목록에서 장바구니 다시 담기를 활용해 검색하는 시간을 아낀다. 아이들의 옷이나 신발도 같은 모델의 다음 사이즈를 산다.

중요한 일을 처리하는 것을 최우선 순위로 두고 자질구레한 일들을 간소화해보자. 비워진 머릿속은 삶의 가치 있는 결정을 하도록 돕는다. 정신이 명료할 때 해야 할 일에 훨씬 더 잘 집중할 수 있다. 오늘부터라도 할 일 목록으로 머릿속을 단순화해보자.

※ 하루 10분 진짜 나를 만나는 질문

1. 지금 죄책감, 우울감, 스트레스를 주는 생활 속 사소한 일이 있는가?

2. 생각을 단순화할 수 있다면 어떤 좋은 점이 있을 것 같은가?

3. 종이 한 장을 펼쳐 신경 쓰이는 그 일을 적어보자. 여유 시간이나 돈이 있다면 간소화할 수 있는 일상의 자잘한 일들이 있는가? 그 일을 처리할 수 있는 다른 방법은 없는가?

7

단순한 요청은 거절하고
나를 만나라

"너 뭐 해? 당장 튀어오지 못해?"

"네, 어머님."

JTBC드라마 〈너를 닮은 사람〉의 시어머니와 며느리의 대화다. 드라마 상에 시어머님은 병원과 학교를 소유한 재단의 대표다. 며느리는 우연히 재벌 집 아들과 만나 사랑을 했고, 아이를 임신해 결혼하게 된다. 아무 것도 없는 가난한 집에서 태어나 하루아침에 재벌 집 며느리가 된 그녀 는 시댁식구의 멸시와 무시 속에도 꿋꿋하게 화가로 크게 성공한 작가가 된다. 그런 그녀에게 시어머님은 여전히 차갑고 무례하게 말씀하신다.

3장   하루 10분, 진짜 나와 만나는 기술   **179**

멋진 커리어를 가진 그녀는 시어머니가 갑작스럽게 부르시면 절절매며 달려간다. 그녀가 계속 그래야만 하는 이유가 뭘까? 재벌의 파워 때문일까? 내 주변에 재벌 집 시댁을 갖지 않았음에도 똑같이 행동하는 친구들이 종종 있다. 연말 친구 모임을 갖고자 동기들과 단톡방을 열었다. 함께 만날 날짜를 조율하는데 유독 한 친구만 어영부영 대답을 미뤘다.

"도대체 그래서 언제 되는데?"
"어머님이 김장날짜를 아직 안정하셔서 대답을 못하겠어."

동기들의 성화에 못 이긴 그녀의 답에 넋이 나갔다. 직장을 다니는 워킹맘인 그녀가 주말에 지방인 시댁까지 내려가 엄청난 양의 김장을 직접 담그는 것도 쉽지 않을 일이다. 육체적으로 얼마나 힘들까 안쓰러우면서 한편으로 시집간 지 10년이 넘은 지금 일하는 며느리에게 아직도 김장날짜의 조율권한이 없다는 것이 개탄스러웠다. 언제 하실지 미리 여쭤볼 수 없느냐는 질문에 '그건 좀….'이라고 답하는 그녀와 연말모임을 함께 하기는 어려울 것 같다.

어려운 시어른과의 대화를 피하고 싶은 그녀의 심정을 같은 며느리로써 이해해줘야 할지도 모르겠다. 그러나 대화하기 어려운 상대가 아닌 나와 아무 상관없는 사람의 부탁마저 거절하지 못하고 나의 소중한 시간을 빼앗기는 사람은 많다.

남에게 자신의 시간의 통제권을 넘기는 사람들의 심리는 괜찮은 사람으로 보이고 싶어 하는 욕심 때문일 때가 많다. 어떤 의도였든 나를 버리고 다른 사람을 우선하면 할수록 당신은 그들의 도우미가 되어간다. 좋은 뜻으로 도움을 주려고 하다가 '내가 지금 뭐한다고 여기서 이러고 있지?'라는 생각을 해본 적 없는가?

삼성에서 근무했던 여배우로 유명한 진기주 씨가 tvN 〈유 퀴즈 온 더 블록〉에 나온 것을 본 적이 있다. 대기업에서 있었던 에피소드를 이야기하는데 그녀가 늦은 데뷔에도 배우로 성공할 수 있었던 이유를 짐작할 수 있었다. 회식이나 잦은 저녁자리를 갖는 것이 싫었던 그녀는 매번 "한 잔하자!"는 부장님의 제안에 "네. 저 약속이 있어 죄송합니다."라고 했다고 한다. 무슨 약속이 있었냐는 진행자의 질문에 "버스 시간? 저와의 약속을 지키려고 한 것 같다."고 대답했다. 대기업 회식문화 속에서 자기 시간을 갖기 위해 상사의 저녁 제안도 거절할 수 있는 용기가 회사를 그만두고 방송 기자로 또 슈퍼모델 그리고 배우로까지 성공하게 만든 것 아닐까?

'진짜로 중요한 일에 집중할 수 있는 유일한 방법은 'NO'라고 말하는 것이다.' 스티브 잡스의 말이다. '아니오.'라는 말을 잘 할 수 있어야 자신의 원하는 일에 집중할 시간을 가질 수 있다고 한다. 하고 싶은 일이 무엇인지? 왜 하고 싶은지 확인했는가? 이제는 당신이 시작하고 싶은 그 프로젝트에 집중할 시간이다. 우리는 현재 혼돈의 시간 속에 살고 있다.

어쩌다 시간이 지나가는지 모를 통제가 안 되는 하루를 보내고 있는가? 어떻게 하면 당신의 소중한 시간을 소모하지 않고 최대의 능력을 발휘할 수 있는 에너지를 남겨둘 수 있는지에 대해 생각해보아야 한다. 이는 당신이 모든 책임을 벗어나 지금의 일상을 포기하고 아예 새로 시작하라는 말이 아니다.

어떻게 하면 생산성 있는 하루를 만들 수 있을까? 첫 번째로 시간을 낭비하는 어떤 일에도 휘말리지 말아야 한다. 몇 가지 상황을 읽어보면서 나에게 해당하는 항목이 있는지 찾아보길 바란다.

1. 월요일 아침 휴대폰 벨이 울린다. 가까이 사는 아이의 친구 엄마가 새로 생긴 브런치 가게에 가봤는지 같이 갈 생각이 있는지 묻는다. 들어본 적 있는 예쁜 이름의 이 식당을 꼭 한번 가보고 싶긴 했다. 주말동안 애들이랑 힘들었던 당신에게 선물이 필요할 것 같다. 오늘부터 운동을 시작해 건강하게 몸을 가꾸려던 결심을 접고 하루 쉬기로 한다.

2. 아랫집 사는 언니가 불쑥 집에 들어온다. "어제 무슨 일 있었는지 알아?" 묻는 물음에 하던 일을 멈추고 이야기를 듣다 보면 1시간은 훌쩍 지나간다. 당신은 함께 있는 사람을 편하게 해주는 사람이다. 따뜻한 위로가 필요한 상대를 내치는 것은 예의 없는 행동이라 생각하며 할 일을 미뤄둔다.

3. 하루 종일 참석해야 할 모임이 있다. 내 프로젝트는 뒤로하고 어쩔 수 없이 참석한다. 중요한 안건이 아닌 이야기로 시간을 허비한 느낌으로 돌아온다. 친교의 시간을 나눈 것으로 위안을 삼는다.

3가지 상황 이외에도 우리의 중요한 시간이 원치 않게 방해받는 경우는 많다. 어쩔 수 없다고 생각하는가? 적절한 조치를 취할 필요성을 절감하는가? 불쑥 끼어드는 사람이나 상황이 없을 때 당신의 프로젝트는 급성장할 수 있다. 이런 상황을 피하기 위한 티 나지 않는 꿀팁 몇 가지 제안하겠다.

Tip1. 통화 시간을 정하기

오는 전화에 모두 바로 응답하지 않아도 된다. 갑작스런 전화는 당신이 하려던 프로젝트에 방해가 된다. 성공한 사람들은 전화를 받지 않는다. 받는 사람이 따로 있지 않은가? 비서를 둘 수 없는 우리는 전화벨이 울리게 두자. 거절 메시지를 남겨라. 내가 통화 가능한 시간에 바로 전화를 주면 된다. 이미 전화를 받았다면 "내가 뭐하는 중이라, 5분정도는 통화가 가능한데 무슨 일이야?"라고 말해보라. "통화 가능해?" 묻는다면 "잠깐은 가능해!"라고 말하며 분명한 선을 그어보라.

Tip2. 우선순위를 정하기

말했듯 모든 사람의 시간은 소중하다. 불쑥 찾아오는 이를 문 앞에서 내칠 수는 없다면 미리 내가 가능한 시간을 체크하고 주변에 알린다. 개인적인 중요한 일을 나눠야 한다면 내 할 일을 마친 후 저녁시간에 함께 할 수도 있다. "급한 일인 줄 알겠는데, 지금 강의를 듣는 중이라 내가 끝나고 바로 연락 줄게." 상황을 설명하거나 먼저 제안할 수도 있다. "이 수업 끝나자마자 내가 갈까?", 다정하게 대화를 끝마치는 것도 중요하다.

Tip3. 요령 있게 거절하기

모임의 목적이 분명하지 않을 때엔 어쩔 수 없이 참석해 시간을 보내지 않는다. 이미 참석한 모임에서 빠져나와야 할 때는 "3시 20분에 다른 약속이 있어서."라고 말해보라. 효율적인 시간을 갖기 위해 효과적으로 행동해야 한다. 끝날 기미가 보이지 않는 자리에서 몸짓 언어로 종료 의지를 보여라. 옷을 챙겨 입고 물건을 정리해보라. 시선을 돌리고 하품을 하는 것이 무례해 보일 수 있지만 당신의 시간을 독점하고 당연히 이 자리를 지키길 기대하는 상대가 진짜 무례한 것일 수 있다.

당신의 인생이다. 당신에게 유리하도록 규칙을 정하고 내 시간의 흐름을 방해받지 않도록 조절할 의무가 있다. 사람과 시간 약속을 하기 전 그들에게 양해를 구해야 할 상황이나 미리 정해진 일정에 대해(그게 나와의 약속일지라고) 알려주어라. 누구도 막무가내로 굴고 싶은 사람은 없다. 재벌 집 시어머니이라도 며느리 삶의 주인은 아니다. 현 상황을 개선하려는 노력을 끊임없이 하는 사람으로 비춰지면 대부분의 사람은 당신을 존중하려고 할 것이다. 모든 일을 이야기하는 것이 아니다. 나만의 시간을 확보해 '나 자신'을 위한 시간을 만드는 문제에서는 그렇다. 하루는 짧다. 나를 만나기 위해서 단순한 요청은 거절하는 용기를 내보라.

※ 하루 10분 진짜 나를 만나는 질문

1. 부탁을 거절하고 죄책감이 든 적이 있는가? 어쩔 수 없이 하겠다고 하고 후회한 경험이 있는가? 둘 중 다시 겪고 싶지 않은 상황은 어느 쪽인가?
2. 타인과의 약속을 지키기 위해 미루고 있는 일이 있는가? 모두에게 나은 결과를 줄 수 있는 방법을 생각해볼 수 있는가?
3. 자신에게 필요한 것을 알고 채워가는 나만의 시간을 만들 수 있다면 어떤 느낌이 들 것 같은가?

8

완벽함을 내려놓고
항상 이기는 기술

자전거를 탈 줄 아는가? 내가 처음 자전거를 배웠을 때는 잘 떠오르지 않지만, 처음 딸에게 자전거 타는 법을 알려주었을 때는 생생하다. 초등학교 1학년에 입학하고 며칠 되지 않아 다른 친구들이 두발 자전거를 타는 모습을 보고는 자기도 타보고 싶다고 했다. 사랑하는 자녀에게 자전거 타는 법을 알려준다고 상상해보자. 경험이 있는 사람들은 알겠지만 처음 두발 자전거를 앞에 놓고 미리 '자전거 타면 어떤 기분일지', '넘어질 것 같을 때는 어떻게 해야 하는지' 상세한 설명을 해주지 않는다. 일단 자전거에 올라타 페달을 밟으라고 한다. 뒤에서 잡아주긴 하지만 곧 혼자서 중심을 잡고 자전거를 타게 된다. 잘 안 되어 넘어지기도 하고 보조바

퀴의 도움을 받아야 할 때도 있지만, 자전거를 가르쳐주는 사람도 처음 배우는 사람도 결국 혼자서 탈 수 있게 되리라는 것을 알고 있다.

완벽함을 내려놓는 가장 좋은 방법은 바로 두발 자전거를 처음 배울 때의 마음과 같으면 된다. 결국 할 수 있다고 생각하는 것이다. 안타깝게도 오늘날 많은 사람들은 확신을 가질 특효약이나 마법 지팡이를 찾아 헤맨다. 전문가의 말이나, 책의 지침, 세미나에서 강사의 확신에 찬 강연에 금방 고취되지만 이내 자기 자리로 돌아온다. 나도 그랬다. 어떻게 하면 나의 부족한 면을 완벽히 바꿀 수 있을까? 자신감을 좀 갖게 될 특별한 방법은 없을까? 왜 나는 이리 완벽하지 못한 인간인가? '나는 영영 프랑스에서 도시락 파는 아줌마처럼 엄청난 성공 후 복근에 찰랑거리는 머릿결을 가지고 요트를 타며 세계여행을 할 수는 없겠지….'(나는 배 타는 것이 진짜 싫지만 그래도…) 끊임없이 질책하며 스스로를 괴롭히곤 했다.

폴 맥기의 저서 『나는 왜 망설일까?』에서 우리가 간단한 사실 하나를 인정하려 하지 않기 때문에 이토록 괴롭다고 주장한다. 그것은 바로 우리에겐 '결점'이 있다는 사실이다. 우리가 아무리 노력해도 이 한 가지 사실은 변할 수 없다. "당신은 완벽하지 않다." 인간은 원래 결점투성이고 그렇다고 해도 나쁘지 않다. 우리가 완벽함을 내려놓을 수 있는 아주 간단한 3가지 방법을 기억하자.

첫 번째, '지금 하기'이다.

지금, 여기서 당장 즉시를 뜻하는 영어. 'Here & Now'라는 말처럼 당신이 지금 바로 할 수 있는 일을 하면 된다. 『5초의 법칙』을 쓴 멜 로빈스는 어느 날 기분에 상관없이 5초의 법칙을 이용해 자신을 밀어붙이기로 결심한다. '5,4,3,2,1' 숫자를 거꾸로 센 다음 즉시 실행한다. 그녀는 이 간단한 행동으로 자신감과 생산성을 높일 수 있다고 주장한다. 나 역시 차일피일 미루던 습관을 이 방법으로 극복할 수 있었다.

두 번째, 제한을 두지 말고 한계를 넓히자.

처음 운전을 배울 때 규정 속도 60km를 한참 밑돌게 운전했다. 나는 면허를 따고 얼마 안 되어, 실수로 고속도로를 타게 되었다. 고속도로에 들어서니 규정 속도 80km를 지키지 않으면 위험할 것 같았다. 당장 차를 멈출 수도 없었기에 그냥 밟았다. 그 뒤로는 60km로 가는 것이 어렵지 않다. 한계를 자꾸 넘다 보면 할 수 있다는 것을 알게 된다. 분석을 그만두고 그냥 해보자.

세 번째, 작은 성공을 확인하라.

한글을 배우고 있는 아들이 간판을 읽는 한 살 누나를 보고 "와! 누나 대단하다."라고 칭찬한다. 우리 모두 글을 읽지 못할 때가 있었지만 지금 책을 줄줄 읽는다. 당연한 성공같이 느껴지는 것도 확인하고 칭찬해보

자. 내가 할 수 있는 것이 많다는 것을 인지할수록 새로운 일에 도전하기 쉬워진다. 작은 성공은 또 다른 성공을 만들어낸다.

글을 쓰는 작가가 되겠다는 꿈을 꾸었지만 어떻게 하면 될 수 있는 지 나는 아는 바가 없었다. 매일 쓰기는 해야 할 것 같았지만 무엇을 써야 할지 몰랐다. 방황하듯 서점을 헤매다 '문답 북' 코너 앞에 멈춰 섰다. 『BECOMING: 비커밍 다이어리북』이라고 쓰여 있고 미쉘 오바마의 사진이이 크게 있었다. 그녀의 얼굴은 알았지만 책을 낸 줄도 몰랐다. 동명의 자서전으로 출간된 책의 인기에 힘입어 문답 북까지 나온 것이다. 나는 책의 앞표지 문구가 마음에 들었다. "참 괜찮은 나를 발견하는 155가지 질문들"이 질문들에 답을 해가며 글 쓰는 연습을 하면 좋겠다는 생각이 들었다. 하루 3가지씩 대답을 써내려가며 매일 글을 썼다. 누구에게 보여줄 필요가 없었기 때문에 솔직한 나의 이야기를 쓸 수 있었다. 두 달이 좀 안 되서 책 한 권을 나의 이야기로 채웠다. 창작 소설을 쓴 것도 아닌데 책 한 권 쓰기가 별것 아니라는 생각이 들었다. 매일 일정 시간을 투자하면 책 한 권을 만들 수 있는 거란 당연한 판단이 섰다. 참 괜찮은 나를 발견하는 질문들에 답을 생각하면서 내가 잘하는 것, 좋아하는 것, 그동안 성취해 낸 것들을 기록할 수 있었다. 성공이 별것 아니구나 싶었다. 내 안의 힘과 자유로움이 느껴졌다.

나의 소소한 성공 경험으로 당신을 설득하기 부족하다면 일하는 여성

네트워킹 플랫폼 '헤이 조이스'의 이나리 대표의 이야기에 집중해보자. 이 대표는 20년 이상 여성으로써 기자, 논설위원으로 일하면서 중직의 면접 자리에서 조차 '남성들 사이에서 리더십을 발휘할 수 있겠느냐?', '여자라서 힘든 적은 없느냐?'라는 질문을 받았다고 한다. 당시 안타까운 마음을 담아 페이스북에 포스팅을 올렸고 몇백 명의 여성이 댓글을 달았다고 한다. '커피나 한잔하면서 이야기하자'는 포스팅에 200명이 참가를 희망했고, 여성들의 네트워킹 모임은 그렇게 시작되었다. 이 소소한 다과 모임 후 이 대표는 여성이 일하기 어려운 사회의 문제를 해결하는 스타트업을 만들어야겠다고 결심하게 되었고 지금의 '헤이 조이스'가 탄생했다. 어떻게 하는지 몰랐지만 필요하다는 확신이 있었기 때문에 하게 되었다는 그녀. 월급은 72분의 1로 줄고 일하는 시간은 배가 되었지만 200명이 2,000명이 되고 한 달에 40~50가지 프로그램을 교육하고 여성 일꾼들의 성장을 나누는 장을 마련하게 되어 행복하다고 한다.

완벽하게 준비하지 않아도 성공할 수 있다는 증거가 되기에 충분하지 않은가? 완벽한 시작은 애초에 없는 것 같다. 완벽에 집착하면 두려움만 커진다. '아직 시작하긴 일러, 완벽해질 때까지 기다리자'는 생각은 시간만 보내게 할 뿐이다. 어려운 목표를 세우고 첫걸음을 떼기 어렵게 하지 말고 작게 시작하면 된다. 이나리 대표가 커피 한잔하자고 사람들을 모은 것처럼 자연스러운 시작을 경험해보자. 완벽한 시작은 없지만 훌륭한 과정이 완벽한 끝을 만들 수는 있다.

자전거 타는 법을 처음 배운 아이가 넘어졌다고 실패에 좌절하고 다시는 도전하지 않겠다고 생각하진 않는다. 어느 부모도 자전거를 타다 삐끗한 아이에게 "그렇게밖에 못하니?" 타박하지 않는다. "괜찮아 조금 더 하면 잘될 거야. 자전거 타는 거 별것 아니야. 너도 할 수 있어." 부모가 이런 용기를 주는 말을 할 때 아이는 안심하고 다시 도전한다. 우리 스스로에게도 이렇게 말해줄 수 있다면 좋겠다. "인생 별것 아니야! 너도 승리할 수 있어!"

※ 하루 10분 진짜 나를 만나는 질문

1. 완벽함을 내려놓을 수 있다면 시도해볼 만한 일이 떠오르는가?

2. 그 일을 과감하게 실행하다 실패한다면 어떨 것 같은가? 두려운가?

3. 누군가에게 "괜찮아 조금만 하면 잘될 거야."라고 말해준 적이 있는가? 나에게 말해본 적은? 지금 거울을 보고 해보라. 어떤 기분이 드는가?

오늘부터 나를
잘 돌보는
셀프그로잉 방법 7가지

하루 5분 감사가
기적을 부른다

"감사하기는 삶을 더 풍요롭게 해주는 확실한 방법이다." 마시 시모프의 이 말을 듣고 수긍하지 않을 사람은 없을 것 같다. 모두가 감사하기의 중요성을 당연히 알고 있지만, 일상에서 일이 꼬이고 마음대로 되지 않으면 짜증을 내기가 더 쉽다. 앞서 나는 감사보단 불평이 편한 여자라고 언급했다. 그런 내게 며칠 전 이런 일이 있었다.

아들 하원시간 유치원 앞에 차를 세워두고 엄마들과 수다를 떨고 있는데 차에서 이상한 소리가 났다. 당장 카센터에 끌고 가야 했지만 오후 늦은 시간이었고 차 없이는 아무 곳도 갈 수 없는 상황에 어찌해야 할지 몰라 당혹스러웠다. 유치원을 나오자마자 정면에 카센터라는 글자가 보였다. 한 번도 의식하지 못했던 카센터 간판이 그날 딱 눈앞에 보여 바로 점검을 받으러 갔다. 카 엔지니어 말씀이 엔진이 많이 상해 바꾸는 데 200~300만 원은 들 것 같다고 하셨다. 그날은 금요일이라 간단히 오일 점검만 하고 부품이 오는 월요일에 다시 와보라고 하셨다. 집에 돌아와 엄마에게 이야기를 하니, 교회 친한 집사님이 카센터를 하신다고 당신이 내일 차를 가져가보신다고 하셨다. 토요일임에도 엄마 덕에 차를 손볼 수 있었고 300만 원을 예상했는데 120만 원에 고칠 수 있었다.

다음 날 친한 친구와 통화하면서 이 상황을 이야기하게 되었다. 우리는 중학교 때부터 친구인데, 나와 그녀는 시니컬한 성격이 많이 닮았다. 그날 일을 이야기하자 친구는 말했다.

"진짜 짜증났겠다."

"별로 그렇게 짜증나지는 않았어. 좋은 점도 있었으니까."

"차 수리비로 100만 원 넘게 썼는데 뭐가 좋아?"

"내 차는 이미 15만을 탔고, 고장이 나던 날 주행 중에 문제가 생기지 않은 게 감사하잖아. 이 시골바닥에서 고장 난 순간 눈앞에 카센터가 보인 건 정말 신기했어. 금방 어디가 문제인지 알 수 있어서 마음이 놓였고."

"300만 원 수리비가 나올지 모르는 상황에 마음이 놓였다고?"

"그때는 좀 당황스러웠지만, 곧 엄마 지인의 도움으로 고칠 수 있었잖

아. 그것도 주말에. 차를 고치고도 아직 통장에 돈이 남아 있어. 남편 회사에서 유치원비를 지원해주는데 딱 그날 입금 된 거 있지!"

"얘가 왜 이래, 적응 안 되게. 내 앞에서까지 그러지 마."

"요즘 불평을 하고 싶지 않아졌어. 일어난 일은 어쩔 수 없지만 내 생각은 바꿀 수 있다는 말이 있잖아."

"네가 이렇게 변하게 된 방법이 뭔지 궁금해졌어. 무슨 짓을 한 거야?"

어떻게 한 거냐는 친구의 물음에 나도 궁금해졌다. 내가 어떻게 이렇게 변하게 되었는지 생각해보니 나에게 큰 도움을 준 책 한 권이 떠올랐다. 『하루 5분 아침일기 Five Minute Journal』는 우연히 어느 자기계발 유튜버의 브이로그에서 보게 되었다. 당시 감사 일기를 쓰고 싶었지만 마음같이 잘 되지 않던 때였다. 깔끔한 책 커버와 하루 한 장만 쓰면 되는 편리함이 눈에 들어와 바로 주문했다. 『하루 5분 아침일기 Five Minute Journal』는 아침에 지금 감사할 것 3가지, 좋은 하루를 보낼 수 있는 방법 3가지 그리고 나를 위한 긍정의 한 줄을 적게 되어 있다. 하루의 마무리에는 오늘 일어난 멋진 일 3가지를 적고, 더 만족스러운 하루가 되려면 무엇을 했으면 좋았을지 생각해보는 난이 있다.

5분일기란 제목답게 다 하는 데 5분이 채 걸리지 않았다. 침대 협탁에 두고 매일 아이들에게도 질문하고 나에게도 물었다. 처음엔 그저 밥 잘 먹은 것을 감사하고 누울 침대가 있는 것을 감사하는 등 일상적인 생활에서 감사거리를 짜냈다. 2주 정도 지나면서 좋은 감정이 느껴졌다. 자연스럽게 감사할 거리가 늘어났다. 좀 더 고마울 거리를 생각하다 보니 긍정적인 생각을 더 하게 되는 것 같았다. 나는 같은 방법으로 남편에게 느낀 좋은 감정이나 행복한 시간에 대해 이야기 해보면 좋을 것 같았다.

사실 그 무렵 남편과 떨어져 혼자 아이를 키우면서 일하는 엄마로 사는 어려움을 이해받지 못한다고 느꼈다. 남편은 내가 했을 때 심드렁하게 받아들이던 이야기를 직장동료가 조언하면 중요하게 생각하는 것 같았다. 떨어져 사니 애정이 식은 것은 아닌지, 그 직장동료가 여자는 아닐지 의심이 들기까지 했다. 모든 화살을 남편에게 돌리기 전에 나는 남편에게 감사해보기로 했다. 오랜만에 내려오는 남편을 데리러 공항까지 가서는 "매번 기분 좋게 와줘서 고마워. 아침에 출근까지 했다 회사에서 시간 맞춰 출발하느라 진짜 피곤하겠다. 좀 쉬어. 내가 운전해 모실게."라고 말했다. 문자로 퇴근 후 저녁자리가 늦어져 연락 안 되는 남편에게 "오늘 하루도 고생했어. 어서 가서 쉬어야지 내일 힘들지 않지."라는 메시지를 남겨놨다. 영상통화를 할 때면 남편은 종종 체육관에서 전화를 받았다. 그때마다 "일하기도 버거울 텐데 운동하러 가다니 정말 멋지다."라고 말했다. 운동 후 복근 인증 사진을 보내면 전에는 "그렇게 운동할 시간도 있어 되게 좋겠다."라고 말하던 아내의 변화를 남편도 알아차린 듯했다.

생각해보면 자기한데 자꾸 뭐라고만 하는 사람에게 잘해주고 싶을 리 없다. 말만 걸면 과민하게 반응하는 사람한테 이야기하기 싫은 것은 당연하다. 남편의 애정이 식어 변한 것이 아니라 내가 힘들다고 남편을 대하는 태도가 달라지니 자기도 소통하지 않으려 하고 독단적으로 행동하게 된 것이다.

매년 5월 21일이 무슨 날인지 아는가? 바로 부부의 날이다. 이 기념일은 둘(2)이 하나(1)가 되어 행복한 가정을 만들자는 의미에서 가정의 달인 5월 중 21일이 법정 기념일로 정해진 것이라고 한다. 부부의 날 재정위원회가 발표한 '부부생활십계명'의 제 7항은 이렇다.

"처음의 사랑을 잊지 말고 칭찬할 것을 찾는다."

꼴도 보기 싫은 사람에게 무슨 칭찬이냐는 생각이 든다면 그저 감사하다고 말해보자. 퇴근하고 들어오는 남편의 얼굴을 보고 "하루 동안 돈 버느라 수고했어. 고마워."라고 말한다면 처음엔 "뭐 잘못 먹었어?"란 소리를 들을지 몰라도 반복하다 보면 "당신도 하루 애썼어. 고마워."라는 말을 들을 수 있을 것이다.

발달 심리학 용어 중 '습관화'라는 것이 있다. 반복적으로 제시되는 자극에 주의를 덜 기울이고 반응이 감소하는 현상을 말한다. 새 차를 사면 얼마나 행복할 것 같은가? 청약에 당첨되면 아니 로또에 당첨 된다고 해도 우리는 그 상황에 금방 익숙해져버린다. 감사하는 습관을 가지면 익숙한 것도 새롭게 느껴진다. 고마움을 표시할수록 더욱더 고마운 마음이

든다. 나는 남편이 평소 당연히 해오던 것들에 감사함을 표현하기 시작하면서 내 마음의 변화를 눈치 챘다. 남편을 전반적으로 긍정적으로 평가하게 되었다. 삶에 적용해도 똑같은 결과를 얻을 수 있겠구나 하는 확신이 생겼다.

호주의 전직 TV 프로듀서인 론다 번이 위대한 성공의 비밀을 전 세계 사람들과 공유하겠다고 마음먹고 다큐멘터리를 만들었다. '시크릿'이란 제목으로 만든 이 다큐멘터리가 우리에겐 책으로 익숙할 것이다. 나도 처음 출판되었을 때 읽고는 내용이 참 신기하긴 했지만 크게 흥미를 느끼지 못했다. 감사하는 연습을 하던 어느 날 서점에서 이 책을 발견하고 궁금했다. '부와 성공의 비밀에 감사가 있을까?' 하는 의문에 책을 펼쳐 보았다. '두 가지 강력한 도구'란 챕터에 첫 번째 도구로 '감사하기'가 소개되어 있었다. 감사하기는 역사상 위대했던 모든 선구자들의 가르침에 핵심이라고 적혀있다. 책에서는 이 책에 나온 내용 중 오직 한 가지만 적용할 수 있다면 감사하기를 실천해보라고 말한다.

오프라 윈프리도 10년 이상 감사 일기를 쓰며 감사일기의 중요성을 강조하지만 일기를 쓰는 방법은 자신이 편안하게 느끼는 것으로 바꿔가며 한라고 조언한다. 그녀도 예전에는 일기장을 썼지만 지금은 컴퓨터로 5줄 정도 쓰고 감사해야 할 순간을 만날 때 메모에 적기도 한단다.

오늘 아침 긍정, 확언 명상을 하며 되뇌던 문구가 지금 딱 떠오른다. "감사의 마음을 느끼면 감사할 일들이 더 많아진다." 하루 5분 기적을 체험하는 감사 일기를 시작해보자.

혼자 있는 시간을
의식적으로 선택하라

내 삶에서 가장 지독하고 고독했던 시기는 재수를 하던 스무 살에서 스물한 살 대학 1학년 때까지다. 고등학교 시절 음악을 하다 다시 공부로 대학을 준비하던 때는 어른도 학생도 아닌 어디도 속하지 못한 상황에 힘들었다. 재수 학원에 들어가보려 했지만 그 조차도 적응이 어려웠다. 만족할 만한 성적을 얻지 못하고 들어가게 된 대학에서도 동급생과 어울리는 게 쉽지 않았다.

1학년 여름방학에 혼자 캐나다로 어학연수를 떠나면서 '거기라면 좀 다르지 않을까?'라는 기대감이 있었다. 밴쿠버 다운타운 길을 혼자 걸으며 '고독해서 죽을 수 있다면 이런 기분이겠구나!' 하는 생각을 했다. 그 뒤로 혼자 있는 시간을 극도로 싫어했다. 한국으로 돌아와 어떻게든 학교 친구들과 어울리려고 노력했고 남자친구를 사귀며 혼자 있는 시간을 만들지 않기 위해 애썼다. 주말이면 늘 친구들과 어울리고 혼자 있을 땐 꼭 TV라도 틀어놓았다.

아이러니 하게 결혼을 하고 아이를 낳고 주변에 항상 가족으로 둘러싸인 상황이 된 지금의 생각은 조금 다르다. 제일 좋아하는 시간은 깊은 밤에 모두 잠든 시간, 아무도 일어나지 않은 고요한 새벽이고, 좋아하는 TV 프로그램은 〈나 혼자 산다〉이다. 결혼 초 첫아이를 낳았을 때만해도 혼자인 것이 두려웠다. 신생아를 아기띠를 해서 데리고 매일 친정집으로 가고, 주말이면 남편이 약속을 잡지 못하게 단속했다. 그런 내가 혼자 있는 시간을 좋아하고 의식적으로 혼자 있으려는 환경을 만들게 된 건, 책을 만나고서부터다.

육아에 몸은 힘들고 마음은 불안했던 어느 날이었다. 걱정은 한가득인데 가족들에게 털어놔도 이렇다 할 해결책을 알려주지 않았다. 그저 '힘내라' 혹은 '다들 그렇게 산다. 이 시간이 지나면 괜찮다.' 등의 말이었다. 아이가 낮잠 자는 조용한 오후 소파에 털썩 앉으니 책장에 눈이 갔다. 남편이 총각 때부터 가지고 있던 세트 구성으로 된 자기계발서가 있었다. 그중 데일 카네기의 『자기관리론』을 펼쳐들었고, 나는 그 후로 혼자서 책 읽는 시간을 즐기게 되었다.

지금은 누구나 각자의 삶 속에 고요를 찾아야 한다고 생각한다. 혼자 있는 시간은 자신의 삶에서 일어나는 일들을 더 깊이 느끼게 한다. 내 마음속에서 스스로에게 하는 소리를 들을 수도 있다. 침묵의 시간은 그만큼의 가치가 있고 그 시간을 우리에게 많은 것을 가르쳐준다. 고요함을 선물같이 소중히 다뤄볼 수 있는 방법이 독서에만 있는 것은 아니다.

커피 한잔을 놓고 떨어지는 낙엽을 바라보는 가을 오후를 상상해보자. 시라도 쓸 수 있는 감성이 살아나는 시간이 될 것 같지 않은가? 사색하며 끼적이다 보면 창조적인 아이디어가 샘솟을 수도 있다. 일기를 쓰거나 책을 읽는 것도 혼자만의 시간을 잘 보낼 수 있는 방법이다. 조용한 미술관을 혼자 가거나 그림을 그리고 싶을지도 모른다. 정적인 활동이 나와 맞지 않다고 느끼면 음악을 틀어놓고 춤을 추거나 노래를 부를 수도 있다(이웃에 피해가가지 않는 방법으로). 어떤 활동이라도 나에게 유익한 일을 할 '혼자만의 시간'을 마련해볼 수 있다면 좋겠다.

내가 혼자 있는 시간을 즐기기는 했지만 제주도에 내려와서는 혼자 있는 시간이 고독하다 못해 지독하게 많았다. 주변에 아는 사람도 없었고, 기분 꿀꿀할 때마다 가던 쇼핑몰도 없었다. 온전히 혼자의 시간에 집중하는 것도 좋았지만 지나치게 혼자 있으면 우울해지고 외로움에서 벗어나고 싶어진다. 그럴 때 기분을 전환하기 위해 하는 방법 3가지를 소개하겠다.

첫 번째 방법은 스트레칭이다. 긴 시간을 하지 않아도 금세 기분이 회복되는 것을 느낄 수 있다. 바닥에 앉아 몸을 앞으로 뻗는 동작을 하거나 유튜브 요가 영상을 틀어놓고 몸을 움직이는 것만으로 충분하다. 몸이 좋아지고 유연성이 늘어남을 느끼면서 작은 성취감도 맛볼 수 있고 즐거운 기분도 든다.

두 번째는 목욕하며 노래 듣기이다. 노래를 부르거나 들으면 소리의 울림을 강하게 느끼며 물과 몸이 어우러질 때 마음을 이완시킬 수 있는 좋은 상태가 된다. 나도 자주 반신욕을 하는데 이때 향이 좋은 입욕제를 쓰면 특별한 대우를 받는 느낌이 들고 기분이 한결 편안해진다.

세 번째는 산책하기이다. 산책의 좋은 점을 모르는 이는 없을 것이다. 자연 속에서 산책을 할 수 있는 환경이라면 자연의 기를 받을 수 있어 더욱 좋다. 그러기 힘들다면 상상력을 이용해 눈을 감고 걸으며 자연과 이어져 있다는 상상만도 도움이 된다고 한다. 다행히 자연이 지천인 시골에 사는 나는 백화점에 달려가고 싶을 때마다 바다를 걸으며 치유를 받고 있다. 그냥 친구 만나 쇼핑하면 안 되느냐고 반문하는 사람들조차 삶이 우리에게 주는 문제나 스트레스들이 그런 활동으로 충분히 위로를 받거나 해소될 수 없다는 것을 알고 있다. 혼자 있는 시간을 보내며 느꼈던 좋은 점이 많았지만 크게 2가지 장점을 발견했다.

하나는 진짜 나를 돌아볼 수 있게 한다. 우리가 잘 아는 디자이너 코코

샤넬은 방 한가운데 거울을 두고 살았다고 한다. 거울로 외모를 체크하기도 했겠지만 그녀에게 거울을 보기는 자신과의 대화를 의미했다. 그녀는 자신을 돌이켜볼 수 있는 독서를 중요하게 생각하고 혼자 있는 시간 동안 내면을 바라보려는 노력을 아끼지 않았다고 한다. 그녀가 지금까지 많은 이들의 사랑을 받는 디자인을 만들게 된 건 다른 이의 시선을 신경 쓰지 않는 굳은 신념이 있었기에 가능하지 않았을까? 상복으로만 입던 검은색을 파티드레스의 컬러로 사용하고, 승마복을 여성의 평상복으로 만드는 시도는 내면을 단단하게 만드는 고독의 시간이 없이는 불가능했을 것이다.

다른 하나는 성장할 수 있다. 『나는 마트 대신 부동산 간다』의 김유라 작가는 '돈을 공부하면 평범한 주부도 부자가 될 수 있다!'고 말하며 주부도 공부하기를 권장한다. 지금이야 인터넷이나 휴대폰으로 쉽게 공부를 할 수 있지만 그녀가 부동산 공부를 시작할 때만 해도 그렇지 않았단다. 그녀는 매일 아이들을 유치원 보내고 도서관으로 출근해 다양한 부동산 서적을 섭렵했다고 한다. 약 3,000만 원으로 내 집 마련에 성공한 후, 6년간 꾸준히 투자를 하면서 단 한 번의 실패도 없이 임대수익과 시세차익을 얻으며 아파트 15채를 보유, 2013년에 짠돌이 카페에서 개최한 '슈퍼짠 선발대회'에서 대상을 수상하기도 했단다. 다수의 TV 프로그램에도 출연하고 유튜버로도 활동하는 그녀는 현재 부동산 전문 강사와 저술가로 활동하고 있다. 매일 혼자 도서관에서 보낸 시간이 없었다면 그녀의 지금의 성공도 없었을 것이다.

일상의 셀프코칭의 시작은 혼자 있는 시간을 만드는 것이다. 당신도 혼자 있는 시간을 잘 보내는 방법을 꼭 찾길 바란다. 그 시간이 자신만의 목표를 바로잡고 에너지를 비축하게 만들어줄 것이다. 분명히 더욱 풍요로운 삶을 살게 하는 원동력이 되리라 믿는다.

3

환경을 바꾸면
관점이 변한다

나와 아이들이 제주도로 갑자기 이사 온 뒤 서울에서 혼자 살던 남편이 이사를 하겠다고 했다. 혼자 살기에는 30평 아파트가 너무 크게 느껴졌기 때문이다. 딱 필요한 짐만 가지고 제주도로 내려왔기에 아직도 서울 집엔 나와 아이들의 짐이 많았다. 남편에게 이삿날 전까지 정리를 하라고는 했지만 자잘한 주방집기며 옷가지, 책, 장난감 같은 것까지는 손대지 못했다고 했다.

이사 전날 올라가서 본 짐의 양은 엄청났다. 그 중 가장 걱정인 건 '내 옷'이었다. 서울에 살 때야 친구를 만나러 갈 때나 종종 갖는 부부동반모임에 나갈 시 입을 만한 예쁘지만 그다지 실용적이지 않은 옷들이 필요했다. 당연히 제주도에서는 필요 없을 것 같아 두고 간 옷들이었다. 다음날 이삿짐 차가 오기 전에 정리를 끝내야 하는 상황이었다. 처음에는 옷 하나하나를 꺼내 추억을 되짚으며 간직할 것, 버릴 것, 제주도로 가져갈 것을 나눠 담았다. 밤늦도록 이 작업을 하다 보니 문득 일본의 정리정돈 전문가 곤도 마리에의 명언이 떠올랐다. "설레지 않으면 버려라." 이미 1년 이상 입지 않은 옷들이었다. 고가인 고급 옷도 별로 없었다. 나는 제주도에 이미 필요한 옷이 다 있고, 만약 미래의 어느 날 중요한 자리에 갈 기회가 생긴다면 분명 새 옷을 살 것이다. 이게 다 무슨 소용인가 싶어 나는 옷장 두 개를 차지하던 옷을(나는 정말 옷을 좋아했다.) 다 '버릴 것' 자리에 놓았다.

제주도에는 백화점이 없다. 어느 지방 소도시 못지않게 인구 수가 많은데 그 흔한 아울렛 하나 없는 것이 신기했다. 제주 토박이 지인에게 물으니 제주도 사람들은 예전부터 물질하는 해녀처럼 편리하고 합리적인 옷차림을 좋아했단다. 섬 문화 때문인지 남에게 보여주는 겉치레에 별 신경을 쓰지 않는 것 같다고 했다. 제주에 살게 되니 나도 옷에 별 흥미가 없어졌다. 예쁜 옷을 입고 갈 만한 곳도 없었지만, 다른 사람들도 그렇게 입으니 굳이 옷을 차려입을 필요를 느끼지 않았다. 편한 것이 제일이라 생각됐다. 다음 날 이삿짐 차가 오기 전 나는 옷장을 다 비워냈고 그때 버린 옷 중 아쉽게 느껴진 것은 단 하나도 없다.

그 후 나도 언니와 같이 살던 큰 집을 정리하고 우리 세 식구가 살 만한 조그만 집을 바닷가 가까이 얻게 되었다. 언니와 타운 하우스에 살 때는 집에 한번 들어가면 밖으로 잘 나오지 않았다. 넓고 좋은 집이라 그러기도 했지만, 저녁을 먹고 나오면 밖이 어두컴컴하니 무서워 나가고 싶지가 않았다. 신기하게도 이사를 온 후 우리 가족은 매일 저녁 산책을 하게 되었다. 전에는 산책을 가야지 결심하고 매번 못 갔는데 이젠 누가 먼저랄 것 없이 밖으로 나가자고 했다. 조금만 걸어가면 바다가 보이니 산책하는 시간이 즐거웠다.

나는 이 일화를 통해 환경이 우리에게 끼치는 엄청난 영향력에 대해 이야기하고자 한다. 우리는 많은 시간동안 목표를 세우고 달성하기 위해 행동을 제어하려 노력하지만 성과는 미미했다. 이보다는 목표에 도달하기 쉬운 환경을 만드는 것이 훨씬 더 나은 결과를 가져올 수 있다는 사실이 많은 연구 결과에서 입증되고 있다. 『그릿』의 저자 앤절라 더크워스와 동료들은 펜실베이니아 대학교 재학생을 두 그룹으로 나눠 공부 목표를 적어내라고 요청했다. 실험 첫 주, 첫 번째 그룹에는 목표달성에 유리한 학습 환경을 설계하도록 시키고, 두 번째 그룹은 오직 의지력만 사용하도록 시켰다. 1주일 후 학생들이 자신의 학습 목표 달성 점수를 매겼고, 공부시작 알람을 설치하거나, 도서관 자리 예약하기, 공부를 방해하는 앱 차단하기 등의 방법으로 유혹을 차단한 첫 번째 그룹이 자기통제에만 의지한 두 번째 그룹보다 달성 점수가 높게 나왔다.

불필요하게 많은 옷을 사던 내가 아울렛도 없고, 무엇보다 옷이 별로 필요하지 않은 환경에 처하면서 꼭 필요한 옷만 사는 사람으로 변했다. 사는 곳을 바꾸니 평소 운동을 게을리 하던 가족 모두가 매일 산책을 하게 되었다. 이 모든 것이 우연의 결과지 자신의 상황과는 맞지 않다고 느낄 수 있다. 누구나 소비를 줄이고 싶다고 시골로 이사를 가고 산책을 자주 가려고 바닷가로 사는 집을 옮길 수 있는 것은 아니다. 당신의 삶에도 적용할 수 있는 좀 더 실용적인 방법을 미국의 습관전문가 그레첸 루빈이 제시한다.

그녀는 본인의 저서 『나는 오늘부터 달라지기로 했다』에서 습관을 바꾸고 싶다면 내가 아닌 환경을 바꾸라고 조언한다. 그녀는 알람버튼을 끄는 습관을 없애려고 알람시계를 침대에서 먼 곳에 둔다고 한다. 그녀의 작가 친구는 컴퓨터를 작업용과 여가용으로 구분해 일할 때와 놀 때를 구분했다고 한다. 돈을 쓰기 불편하게 하면 충동구매가 줄어든다는 그녀의 제안에 나는 '쿠팡'에서 구매 시, 통장결제를 선택해 살 때마다 잔고를 채워 넣도록 하여 욕구를 다스렸다. 마트에 들어갈 때 카트나 바구니를 들지 않고 다니거나 온라인 쇼핑몰의 비회원으로 이용하는 방법도 좋다고 한다. 식습관을 개선하려면 먹을 만큼만 덜어 먹고, 음식이 담긴

접시를 자리에서 멀리 두는 것도 좋다. 과자나 술을 좋아하면 아예 집에 사놓지 않는 방법도 있다. 과자를 무척 좋아하는 나는 다이어트 중에 치킨을 봐도 별 감흥이 없지만, 오레오 쿠키가 눈앞에 있으면 무너진다. 식이조절이 필요할 때는 과자를 사지 않거나 아이들의 과자를 사게 되더라도 내가 좋아하지 않는 맛을 고른다. 사과를 자주 먹고 싶으면 사과를 식탁에 놓으라고 했던 것을 기억하는가? 좋은 습관과 반대로 좋지 않은 습관을 버리고 싶다면 하기 어렵게 만들면 된다. 이렇게 나를 바꾸는 가장 좋은 방법은 환경의 변화를 주는 것이다.

『최고의 변화는 어디서 시작되는가』의 저자 벤자민 하디는 변화를 원한다면 환경이 당신을 어떻게 만드는지에 주목하라고 한다. 그는 피그말리온 효과를 예로 들며 주변의 긍정적인 기대나 관심이 사람에게 좋은 영향을 미치는 효과를 설명한다. 하버드대학의 로젠탈 교수가 1968년 미국의 초등학교 학생들을 대상으로 실험을 한다. 학생들의 지능을 검사하고 결과의 상관없이 무작위 20%를 뽑아 상위권 학생이라며 교사에게 전달한다. 20%의 명단 속 학생은 교사의 기대와 격려에 부응하려고 했고 다시 실시한 지능검사에서 실제 성적이 향상되었다. 사람은 환경과 직접적으로 연관이 되어 있다. 환경이 달라지면 당신이 무엇을 할 수 있는지도 달라지는 것이다. 우리 고모가 임신했을 때 일화를 들은 적이 있다. 잠귀가 어두워 '밤에 업어가도 모른다'는 소리를 자주 들어 임신하고 밤

중수유를 잘할 수 있을지 걱정했단다. 그런 그녀가 엄마가 되어서는 딸이 울기도 전에 깨서 분유를 줬다고 한다. 막중한 책임감을 갖는 환경에서 사람은 변할 수밖에 없다.

벤자민 허디는 원하는 행동을 이끌어낼 환경을 조성하는 방법으로 강제 기능을 도입하라고 제안한다. 강제 기능은 자신이 의도한 대로 행동하고 성취하도록 상황을 만들어보는 것이다. 예를 들어 내 남편은 마라톤 선수가 아니지만 1년에 열두 번 이상 마라톤대회에 나간다. 10km부터 완주 마라톤까지 다양한 경기에 참여하는 남편에게 이유를 물었다. "마라톤에 참가신청을 하면 그때부터 운동을 더 열심히 하고 마라톤을 위한 체력을 준비하게 돼서."라는 대답을 했다. 다이어트를 결심한 친구가 자기는 비싸더라도 꼭 필라테스를 끊어야 운동을 할 수 있다고 해서 이유를 물었다. 친구는 "1대 다수로 하는 요가는 안 가도 신경 쓰는 사람이 없으니 자주 빠지게 되는데 선생님이 1:1 관리를 해주는 수업은 빠지지 않게 되더라."라고 했다. 요즘 SNS상에 새벽 기상 인증을 하는 사람들을 자주 본다. 여러 사람이 보는 SNS상에 일어난 시간을 인증하면 의지로 일어나려고 할 때보다 쉽게 새벽 기상에 성공할 수 있다. 이렇게 강화된 환경은 운동에 전념하게 하고, 새벽 기상을 성공하게 만든다.

나는 이사 후 작은 급수기를 마련하고 키가 작은 아들의 손에 닿는 위치에 컵과 함께 놓았다. 아들은 이제 '물 주세요.' 말하는 대신 스스로 물을 떠먹고 내가 필요할 때 물을 가져다주기도 한다. 나는 냉장고에서 꺼낸 차가운 물 대신 실온에 있는 물을 마시며 건강을 돌볼 수 있게 됐다. 딸아이의 핸드폰 충전기는 거실 책장에 놓았다. 이렇게 함으로써 자기 전에 휴대폰 하고 싶은 유혹을 차단할 수 있었다. 내가 요가와 명상을 하는 자리는 책상 옆 거울 앞으로 정해놨다. 매트를 펼치기 쉽게 바닥에 떨어진 것이 있으면 바로 치운다. 책을 많이 보기 위해 거실에 책상을 들여놓고 TV를 치우는 집도 있다. 가족이 둘러앉아 공부하며 더 많은 대화를 나누게 되었다고 하는 이야기를 들어봤을 것이다.

환경을 조금만 바꾸면 행동이 바뀌게 되어 있다. 정말 하고 싶은 일에 집중할 수 있는 환경을 만드는 셀프코칭에 도전해보자. 최고의 역량을 발휘하도록 환경을 정돈하는 일은 그렇게 어렵지 않음을 알 수 있을 것이다.

몸을 가꿔야 마음이
건강해진다

　나는 커피를 좋아한다. 커피를 즐기지 않는 사람은 모른다. 커피를 마시기 전에 그 향이 주는 진한 감동을. 뜨거운 커피를 한 모금 마시면 머리를 가득 채운 문제가 싹 사라지는 느낌마저 든다. 하루에 두세 잔을 마셔도 나는 밤에 잠드는 데 아무 문제가 없다. 칼로리가 없는 아메리카노만 마시기 때문에 살찔 염려도 없다. 하지만 커피에는 중독성이 있어 커피를 마시지 못한 날은 카페인 생각에 다른 것에 집중하지 못했다. 그런 내가 커피를 끊어야 하는 다이어트 방법을 놓고 진지하게 고민을 하게 될 날이 올 줄은 몰랐다.

　우연히 『5일의 기적 당독소 다이어트』라는 책을 보게 되었다. '당독소'

가 무엇인지는 몰라도 5일간 기적적으로 2.5kg가 감량 된다고 하니 안할 이유가 없었다. 사실 제주도에 와서 찐 살을 빼보려고 여러 시도를 했지만 좀처럼 저울의 바늘은 움직이지 않았다. 당독소가 생소해 찾아보니, 이름에서 연상할 수 있듯 '당 섭취가 많을 때 우리 몸에 쌓이는 독소'를 말한다고 했다. 책에 나오는 많은 성공 사례들이 당장 당독소 식이에 도전하고 싶게 했지만 커피를 끊어야 한다니(볶아진 커피콩에는 당독소가 많이 들어있다고 한다.) 선뜻 용기가 나지 않았다. '한국형 단식모방 다이어트'라고 부르는 이 다이어트 식이는 정말 짧은 기간, 딱 5일만 하면 된다고 한다.

'한번 해볼까? 그래 못하면 포기하면 되지.'

평생 끊는 것도 아니고 5일은 할 수 있을 거란 생각이 들었다. 나를 한번 믿어보자!

(참고로 당독소 해독 5일 다이어트는 5일간 하루 800kcal, 단백질 60g, 탄수화물 80~100g, 지방 18~27g의 비율로 식단을 지켜먹는 것이 전부다. 단, 튀기고 굽는 조리법이 아닌, 찌고 삶고 끓이는 조리법 위주로 요리하는 것이 포인트이다. 빵, 과자, 커피, 주스는 모두 먹지 않고 밥 같은 탄수화물은 차게 식혀 먹으면 좋다. 간헐적 단식을 같이하면 효과가 높다.)

16시간 금식하는 간헐적 단식을 병행하도록 오후 7시부터 다음 날 11시까지 금식하고 아침 겸 점심을 먹었다. 권하는 단백질과 탄수화물 양을 저울로 정확히 재서 별다른 소스 없이 소금간만 해서 먹었다. 다이어트식임에도 배불리 먹을 수 있는 양이 포만감을 주어 만족스러웠다. 단, 식후 늘 즐기던 커피를 향한 나의 갈망을 조절할 수 있을지가 관건이었다. 따뜻한 허브티를 마시니 생각보다 힘들지 않았다.

나는 결국 커피를 끊는 새로운 식이조절 다이어트에 완벽히 적응해 감량에 성공할 수 있었다. 5일간의 다이어트 기간 동안 총 2.4kg가 감량 되었고, 커피만 알던 내가 허브티의 매력도 알게 된 수확이 있었다. 이후에도 몇 번 더 당독소 다이어트로 원하는 몸무게에 도달할 수 있었다. 이 다이어트 덕분에 피부가 맑아지고(당독소는 검은색이다. 몸에서 빠지니 피부는 자연히 밝아진다고 한다.) 늘 피곤함을 느끼던 내가 활기차졌다. 평생을 식후 간식을 찾던 내가 점심 먹고 저녁을 먹을 때까지 허기를 느끼지 않게 되었다. 당독소 다이어트는 건강한 다이어트 식단으로 우리 몸의 재생을 돕고 삶의 질을 높여준다고 하는데 정말 그런 것 같다.

우습게 느껴질지 모르지만 이 다이어트에 도전 하는 5일 동안 내가 중간에 포기하지 않은 사실에 굉장한 용기를 얻었다. 늘 나 자신과의 약속을 지키는 일에는 인색하던 나였다. 결심을 한 뒤 며칠 안 되서 빠져나갈 핑계를 찾기 바빴다. 이번에는 달랐다. 새로운 나를 만나는 기회가 되었다. 커피를 마시지 않기로 한 결심도 익숙하지 않은 식단대로 매끼 차려 먹는 것도 끝까지 해냈다. 기존의 나의 패턴을 버리고 새로운 습관을 형성한 것에 스스로 만족한다. '달랑 5일간의 도전으로 그런 생각을 갖게 되었다고?'라고 생각되는가? 그렇다. 5일은 생각만큼 길지 않다 단순히 살을 빼는 목적이 아닌 건강을 위해서라도 당신도 『5일의 기적 당독소 다이어트』의 책 속 식단에 도전해보길 바란다.

당독소 다이어트는 5일 이상하기에는 제한해야 할 것이 많아 힘이 들었다. 좀 더 생활에 적용할 수 있는 식이방법을 찾고 싶어 지중해식 다이어트로 유명한 『하루 800칼로리 초고속다이어트』 책의 식단에 도전해보기로 했다. 저자인 마이클 모슬리 박사는 간헐적 단식으로 유명한 의사이자 과학프로그램 진행자이다. 건강하게 잘 먹는 식단을 연구하는 직업 덕분에 자연스럽게 지중해 식단에 관심을 가졌다고 한다. 그는 아내와 지중해 사람들이 흔히 먹는 천연지방 올리브유, 연어, 참치, 유제품, 아보카도 견과류가 포함된 식단을 연구해 50여 가지의 지중해 다이어트 식단을 선보였다. 푸른 채소나 콩류를 많이 먹고 햄이나 가공육은 최대한 자제한다. 물론 설탕이 많이 든 음료나 케이크, 초콜릿, 캔디는 먹지 않는다. 포만감이 높고 장기간 식단을 했을 때 복부와 심장건강에도 좋다고 한다.

그 책을 읽고 SNS에 식단을 인증하면서 두 달가량 도전했지만 감량은 미미했다. 나에게는 오랜 기간 지속하는 지중해식 다이어트보다 5일 동안 했던 당독소 다이어트가 잘 맞는다. 지중해식은 한식과 조리방법이 많이 다르고 생소한 식재료가 많아 불편하게 느껴졌다. 좋은 습관을 들이기 위해 스스로 하기 편해야 한다는 조건과 맞지 않는 방법 같았다. 그래도 몸에 좋은 재료를 건강하게 요리하는 법을 알게 되었고, 클린한 식사를 원할 때면 언제라도 펴볼 수 있는 레시피 북을 내 SNS에 만들게 되어 좋았다. 식단을 공부하면서 빵순이인 내가 정제탄수화물의 무서움을 알게 되었고, 통밀 빵을 만들어보면서 몸에 좋지 않은 음식을 멀리하기 위한 적극적인 노력의 가치를 깨닫게 되었다.

우연히 TV에서 가수 에일리의 혹독한 다이어트 스토리를 듣게 되었다. 한 달 동안 하루 식사량을 500kcal로 제한하고 빡빡한 스케줄을 소화하면서 10kg 감량에 성공했단다. 하지만 그녀는 자기가 무대공포증이 생긴 것이 그때쯤이 아닐까 짐작했다. 나는 건강의학과 박사가 아님에도 그녀의 마음건강이 위협받은 원인이 '잘 먹지 않아서'일 거란 생각이 들었다.

우리가 먹는 음식은 몸의 에너지가 되고 그 에너지로 우리는 활력을 얻어 생활할 수 있다. 에너지가 부족할 때 우리는 마음이 우울해지고 하던 일을 그만두고 싶은 생각마저 들게 된다. 그저 배부르게 먹는다고 이런 감정이 사라지는 것도 아니다.

제주도에 내려와 한참 몸도 아프고 마음도 힘들 때를 돌아보면 나는 기름지고 몸에 좋지 않은 음식을 많이 먹었다. 식탁에 차려진 음식을 배가 불러 숨쉬기 힘들 때까지 먹고도 금세 허기를 느꼈다. 몸이 독소와 염증으로 가득 차 신체 불균형이 생겨 여기저기 아팠던 거란 사실을 나중에야 알 수 있었다. 다이어트를 해야 한다고 말하는 사람은 너무 많다. 그저 운동을 많이 하고 적게 먹는 방법으로 감량이 되지 않는다면 다른 선택지는 없는지 살펴 볼 수 있으면 좋겠다.

운동도 당연히 건강한 몸을 만드는 필수 요건이다. 이런 나조차 운동을 습관으로 만들기까지 쉽지 않았다. 앞서 습관을 들이기 위해 했던 수많은 실험 덕에 매일 조금씩 운동하는 사람이 되었다. 지금은 요가를 더 깊이 이해하고 싶어 요가 강사 과정 중에 있다. 매일 요가수련을 할 때면 '내 몸을 이롭게 하는 시간이구나.' 하는 생각이 든다.

『상실의 시대』를 쓴 일본의 작가 무라카미 하루키는 혹독한 마라톤을 즐기는 것으로 유명하다. 자신의 책 『달리기를 말할 때 내가 하고 싶은 이야기』에서 작가에게 필요한 체력과 지구력을 길러온 과정을 고백한다. 그는 자신의 묘비명에 작가(그리고 러너)라고 쓰이길 원한다고 한다. 나도 그처럼 운동과 글쓰기 모두를 중요하게 여기는 작가가 되고 싶다.

운동을 해야 하는 이유는 너무나 잘 알고 있지만 얼마나 해야 하는지에 대한 생각은 저마다 다른 것 같다. 운동을 꼭 많이, 매일 해야만 효과가 있는 것은 아니다. 실제로 운동을 매일하는 사람이 일주일에 2~3회하는 사람보다 심장 발작 및 뇌졸중의 위험이 두 배 높다는 연구 결과가 있다. 운동 강도도 중강도로 운동하는 사람이 가장 오래 살고 그다음 오래 사는 사람은 가벼운 운동하는 사람으로 나타났다고 한다. 고강도 운동하는 사람의 사망률이 높다는 결과가 아이러니하게 들린다.

우리가 꼭 기억해야 할 사실은 헬스장에 가서 한 시간씩 운동해야만 효과가 있는 것은 아니라는 점이다. 평소 운동을 하지 않던 사람은 5~10분 정도의 틈새 운동을 하는 것만으로도 운동 효과를 기대할 수 있다. 물론 30분 이상 중강도의 운동을 할 수 있다면 가장 좋다. 유산소 운동 후 20~30분 후부터 지방이 연소되기 때문에 꼭 그 시간을 지켜야 한다고 생각할 수 있지만 이는 식단 조절과 병행하며 감량을 목표로 할 때 필요한 것이지, 10분 운동 자체가 의미가 없는 것은 아니다. 잠깐이라도 몸을 움직이는 활동은 면역력 강화, 피로 해소에 도움을 주고, 수면의 질도 좋아진다는 점을 기억하자.

나는 아침 기상 후 바로 세수하고 이를 닦으며 스쿼트를 30~35개 한다. 하루 세 번 이를 닦으면 스쿼트 100회를 할 수 있다. 아침에 20~30분 요가영상을 찾아서 하고 허리통증이 느껴질 때는 언제라도 수리야나 마스카라(태양경배) 동작을 몇 번 한다. 자기 전에 5분, 10분 정도 짧게 스트레칭도 한다. 요즘은 다리를 일자로 찢으려는 노력을 하고 있어 자기 전 10분 정도 벽에 다리를 기대 쫙 벌리고 누워 있는데 그것만도 꽤 시원하다.

운동을 하지 않을 때는 힘들고 어려운 운동을 오래 해야만 좋다는 생각을 했다. 셀프코칭에 성공한 지금은 내가 즐겁게 할 수 있는 운동을 찾는 것이 중요하다는 것을 안다. 달리거나 격렬한 운동을 좋아할 수도 있다. 나처럼 정적인 운동을 좋아하는 사람도 있을 것이다. 함께하는 운동이 아니면 잘 유지하지 못하는 사람은 그룹수업이 맞을 것이고 혼자서하는 1:1 수업이 맞는다고 느끼는 사람은 그렇게 하면 된다.

꾸준히 계속할 수 있는 운동법을 찾고 계속하는 것은 누구에게나 꼭 필요하다. 내가 좋아하는 요가는 마지막 부분에 손을 가슴에 모으고 꼭 하는 한마디가 있다. '나마스떼'라는 말은 '안녕하세요'라는 인사말이다. 함께하는 동작은 '자신의 영혼이 다른 이의 영혼과 함께 있다는 것에 대한 감사'를 표현하는 것이라고 한다. 말과 동작을 함께하는 것은 안부를 넘어서 '당신을 존중한다는 마음'이 담겨 있는 표현이다. 스스로를 진정으로 존중하는 마음으로 건강한 음식을 먹고 운동을 시작해보자. 이런 작은 시도가 셀프코칭의 시작이 되고, 당신의 삶을 더 기분 좋고 뿌듯하게 느끼도록 만들어줄 것이다.

진짜 나를 성장시키는
사람과 함께하라

간밤에 재미난 꿈을 꿨다. 배우 공유님이 나에게 절절한 사랑을 고백하며 함께하고 싶으니 다 버리고 자기에게 오라는 내용이었다. 일어나선 피식 웃음이 났다. 그의 요즘 근황이 궁금해 잠깐 유튜브에 검색해보았다. 낚시여행을 떠나 친구들과 치맥을 즐기고, 축구 게임 한판 한 뒤 이틀을 내리 낚시하는 여가 활동이 업로드되어 있었다. '이런 남자와 결혼했다면 어땠을까?' 하는 생각을 해보았다.

드라마 〈커피 프린스〉를 본 후부터 공유 님을 좋아했다. 대학 때 나에게 '멋진 남자란 이것이다!'를 알려준 〈커피 프린스〉의 남자주인공은 지

4장   오늘부터 나를 잘 돌보는 셀프그로잉 방법 7가지   **223**

금 말로 '츤데레'였다. 뒤에서 살짝 챙겨줄지언정 따뜻한 말 한마디는 건네지 않는, 키가 커 긴팔로 와락 안아줄 수는 있어도 자기 속내는 절대 말하지 않는 사람. 그런 사람이 내 이상형이었다. 대학 때는 정말 그런 남자 친구들을 만났다. 공유 님처럼 잘생기지는 않았어도 키가 큰 '츤데레' 스타일은 다른 여자들에게도 인기가 좋았다. 야구, 농구, 배구, 축구 등 취미도 많아 공사다망했다. 함께 있을 때는 재미있고 좋아도, 연락이 안 되는 시간이 많았다. 어쩌다 하는 데이트 장소는 친구들과의 모임 장소 일 때가 많고, 내내 자기들 이야기만 할 때도 인형처럼 앉아 웃고만 있었다. 그의 시간에 나를 맞추고 늘 불안해했던 것 같다. 20대 중반을 넘어 지금의 남편을 만나고 나서야 그동안 내 이상형이 잘못되었다는 것을 깨달았다. 나의 멋져 보이는 남자 친구들은 진짜 나를 위한 사람이 아니었다.

몇 번 나의 훌륭한 남편에 대해 이야기 한 적이 있지만 외모에 대한 이야기를 한 적은 없다. 나의 남편은 잘 생겼지만 키가 크지 않고 긴 팔을 가지고 있지도 않다. 츤데레는 더더욱 아니고 농구를 좋아하지만 모임은 없다. 우리는 같이 있으면 즐겁고 서로를 존중하려고 노력한다. 결혼 하고서 매일이 행복했다고 말할 수는 없지만 그와 함께한 10년이 넘는 시간이 편안하고 안정적이었다고 느낀다. 그는 내게 '고맙다'는 말을 자주 한다. 그가 다정하고 친절한 사람이긴 해도 한결같이 그러기는 쉽지 않다. 나도 많이 하려고 노력하지만 결혼하고 아이가 있는 부부 사이에서 고맙다는 말은 쉽게 나오지 않는다. 그의 집에 갔을 때에야 그가 왜 칭찬을 잘 하고 늘 고맙다고 말할 수 있는지 이해할 수 있었다. 그의 부모님도 항상 고맙다는 말씀을 하셨다. 당연한 것도 "아, 그래. 고맙다. 잘했다." 하시고, 격려와 칭찬을 아끼지 않으신다. 그는 그런 부모님을 깊이 존경하고 자신의 긍정적인 에너지는 부모님 덕분이라는 말을 자주 한다.

내가 키가 큰 츤데레를 이상형으로 생각했던 건 드라마의 영향도 있겠지만, 아빠와 닮을 사람을 이상형으로 고르게 되는 심리와 연관이 있을 것 같다. 나의 아빠는 자수성가해 여러 사업채를 운영하는 덩치가 큰 멋진 남자지만 고맙거나 칭찬의 말이 필요할 때 쉽게 할 수 있는 사람은 아니다. 그런 남자와 사는 엄마도 살갑고 친절하기는 힘들었던 것 같다. 나는 자라면서 한 번도 '잘했다'나 고맙다'라는 말을 들은 기억이 없다. 오히려 '네가 그런 걸 어떻게 하니? 하던 것이나 잘해.'라는 말을 자주 들었다. 그런 부모님에게 늘 뭔가를 보여줘야 한다는 생각이 들었고, 성공한 아빠의 인정을 늘 갈구하며 살았다. '내가 더 잘하면 혹시 칭찬해주실까? 이렇게 하면 나를 더 인정해주시려나?' 하는 생각을 했다. 남편과 만나게 된 그 회사에 입사 확정 전화를 받았을 때, 제일 먼저 나는 당당하고 자랑스럽게 아빠에게 전화를 했다. "나 취직했어요!" 대학 졸업 후 취업난에도 나는 남들이 들어본 적 있는 이름 있는 회사에 입사하겠노라고 부모님 앞에서 호언장담을 했다. 우여곡절 끝에 그런 회사에 취직이 되어서 너무나 기뻤다. 아빠는 내가 원하는 격한 감동이 느껴지는 칭찬의 말씀을 해주지는 않으셨다. 사실 그냥 덤덤한 반응이셨다. 나는 회사를 다니면서 뼈저리게 느꼈다. 아빠 친구들이 알 만한 이름 좋은 회사가 나와 꼭 맞을 수 있는 건 아니라는 것을. 멋져 보이는 남자친구처럼 멋져 보이는 회사가 꼭 나를 위한 선택이 아니란 것을 알게 되었다.

부모와 자식은 수평적인 관계이기 어렵다. 부모님의 보살핌을 받는 아이는 자기 행동으로 칭찬이나 관심을 얻을 때 행복감을 느낀다. 나는 부모님에게 '잘 보이고 싶은 마음'에 눈치를 살피고 내가 원하는 것보다 그들을 만족시킬 수 있는 것에 신경을 썼다. 더 이상 보살핌이 필요 없는 성인이 되어서도 계속 부모님에게 인정받기를 바랐다. 사실 부모님도 그들의 부모님께 그런 관심과 격려를 받아본 적이 없다. 아빠는 딸을 어떻게 다루어야 하는지 몰랐던 것이지 나를 사랑하지 않은 것은 아니다. 그런 어린 시절을 겪었기에 지금의 내가 있고 과거를 탓하기보다 감사한 것을 더욱 떠올리려 노력한다.

'당신의 가치를 아는 사람은 당신뿐이다.'

뮤지컬 배우 펄 베일리의 말에 진정 동의하는가? 나는 이 말을 이렇게 바꾸고 싶다. 나의 가치를 정하는 사람은 내가 되어야 한다고. 이제 나는 나를 신뢰하고 어떤 새로운 것을 시도하는데 기준을 다른 곳에 두지 않게 되었다. 내가 진짜 원하는 것인지, 내가 하고 싶은 일인지를 스스로에게 묻게 되었다. 이렇게 변화하기까지 다양한 이유가 있었지만, 항상 나를 존중하고 인정의 말을 아끼지 않는 남편의 덕이 큰 것 같다. 진짜 내 사람은 나의 성장을 기뻐한다. 내가 하려는 시도에 진심 어린 응원을 아끼지 않는다. '그까짓 것', '겨우', '나는 별로' 라는 말로 새로운 계획에 찬물 끼얹지 않는다. 내 계획이 어떤 잘못된 결과로 이어질지 걱정 어린 말을 늘어놓지도 않는다.

키 큰 양귀비 신드롬(Tall poppy syndrome)이라는 것이 있다. 자신보다 상대가 더 멋진 존재가 되길 원하지 않기에 질투하고 깎아내리는 것을 말한다. 이들은 '다 널 위해서'라는 말로 도전을 막는다. 『내가 예민한 게 아니라 네가 너무한 거야』의 책에서 프레너미(frenemy)라는 말을 보았다. 프렌드(friend)와 에너미(enermy)의 합성어인 이 말은 주변에서 친구라는 이름으로 시기와 질투를 남발하는 적같이 느껴지는 상대를 지칭한다. 이 책의 저자 유은정 박사는 이런 사람들을 '감정 뱀파이어'라고 말한다. 애써 한 발자국 내딛는 사람의 발목을 잡고 "너는 부모 잘 만나 인생 편하게 산다.", "남편 백 믿고 잘난 척하지 마라."며 비아냥거린다. 유은정 박사는 상대를 공격해 불안과 두려움을 증폭시키는 이런 관계를 청산하라고 권한다. 주변에 그런 사람이 있다면 멀리하라. 그런 사람이 당신에게 어떠한 영향도 끼치지 못하도록 막아야 한다. 당신의 용기나 결단을 깎아내리는 사람을 곁에 두지 마라. 안타깝게 남편이나 부모가 그런 사람이라면 그들에게 근사한 계획을 털어놓지 않아도 된다. 진짜 나를 성장시키는 사람을 찾아라. 자신의 자신감을 높여줄 그룹을 찾을 수 있다. 그러기 위해 주의할 점이 있다.

◆ 나를 가장 우선순위에 두자.

여자들의 우선순위에서 자기 자신은 자식, 배우자에 밀려 뒷전일 때가 많다. 나를 우선순위에 두고 잘 대해줄 때 건강한 관계를 맺을 수 있다. 건강하게 먹고, 물도 많이 마시고, 영양제도 챙겨먹으며 나를 살피자. 나자신을 돌보아야 다른 사람도 잘 돌볼 수 있다. 스스로의 격려가 가장 큰 응원이 될 수 있다.

◆ 비판적인 사람과는 거리를 두자.

그게 설령 가족이라도 내가 바로 설 때까지는 잠시 거리를 두어도 괜찮다. 친구들이 험담과 독설을 한다면 당신도 그러기 쉽다. 그런 환경에서 발전을 기대하기란 어렵다. 스스로 비판적인 경우라면 경계하고 많은 노력을 기울여야 한다. 판단을 멈추고 칭찬할 거리를 찾아라. 긍정적인면을 찾아내고 소리 내어 말해보라.

◆ 자신에게는 문제가 없는지 살핀다.

필요하면 전문가와 상담을 받아보라. 남을 판단하고 비난하고 끌어내리려는 사람이 나는 아닌지 파악하자. 무엇이 나를 그렇게 만드는지 뿌리 깊은 불안과 두려움에 직면한 후에야 진짜 성장을 할 수 있다.

일을 그만두고 나를 위한 혼자만의 시간을 가지면서 친하게 지내던 언니와 많이 소원해졌다. 늘 함께 학원 걱정(을 가장한 불평)을 하고, 밤늦도록 같이 TV 앞에 앉아 맥주 캔을 까며 수다를 떨었다. 기분 전환이 필요할 때면 아무 때고 쇼핑을 가던 동지를 잃은 언니의 입장에서는 내가 변한 것이다. 그런 언니와의 관계를 다시 돈독하게 만들 방법은 없는지 고민하고 노력한 적도 있다. 결국 우리는 전처럼 지내지 못하게 되었지만 상관없다. 더는 언니와 관계를 회복한다는 명목으로 나의 할 일을 미룰 핑계를 찾지 않기로 했다. 작가 앨리스 워커는 "성장하려는 당신 권리를 부정하는 사람은 친구가 될 수 없다."라고 했다. 가족과 친한 친구가 나를 지지하고 응원하는 사람이 아닐 수도 있다. 그럴 때는 조금 거리를 두고 내가 건강하고 단단해진 후에 그들을 보듬을 수 있는 기회가 올 거라 믿는 편이 편하다.

SNS에 성장하는 나의 일상을 올린 지 꼬박 1년이 지났다. 그중 나랑 비슷한 관심사와 성향을 가진 사람 몇몇과는 개인적으로 연락하는 진짜 친구가 되었다. 아침마다 새벽 기상을 응원하고 새로운 시도에 진심 어린 박수를 보내주는 사람이 있어 좋다. 진정 내 편인 친구는 여러 모양으로 내 꿈이 실현되기를 응원하고 도움을 아끼지 않는다. 당신에게 중요한 무언가가 생겼다면 그 결심을 응원해주는 사람을 찾아라. 변화의 성공 가능성을 높이는 요소 중 첫 번째가 공유하고 지지하는 동료를 곁에 두는 것이라고 하지 않는가.

6

5분 명상으로
삶을 지지하라

나는 블로그에 글을 올릴 때, 무료이미지 저장소 '픽사베이'를 자주 이용한다. 지금 글을 쓰면서 픽사베이 '명상'을 검색해보았다. 주홍빛 천을 두른 스님이 가부좌를 틀고 사원을 바라보며 명상을 하고 있다. 그 밑에는 허리가 잘록한 여성분이 알라딘의 바지와 같은 것을 입고 앉아 흐르는 강물을 바라보며 명상하고 있다. 그 아래 여러 이미지들 속의 명상은 혼자 아주 한적한 숲이나 바닷가, 다리 위 등에서 성스럽게 앉아 있는 모습들이다. 이런 이미지가 우리가 명상에 대해 가지고 있는 생각을 반영한다고 볼 수 있을 것이다.

나도 명상을 시작하기 전까지 이런 편견을 가지고 있었다. 명상이 좋다고 권하는 많은 책을 읽으면서도 선뜻 명상을 하려고 도전하지 못했다. 『내 안의 평온을 아껴주세요』 저자이자 마인드풀 TV에서 수만 명에게 명상을 전도하는 정민님은 '명상은 개량한복을 입고 산속에서만 할 수 있는 것은 아니다.'라고 한다. 명상은 출퇴근길에도 할 수 있고, 사무실 책상에서도 할 수 있다. 차안에서도 언제든 원하는 시점에 할 수 있는 것이 명상이라고 한다. 우리가 그런 고정관념을 버릴 때 명상에 훨씬 수월하게 다가갈 수 있다고 하며 '내가 있는 그곳이 그 시간의 명상 자리다.'라는 말을 한다.

처음 명상을 하기로 생각하고 나서는 눈을 감고 앉아 있는 자체가 어색하게 느껴져 자꾸 눈이 떠졌다. 당연히 누가 있을 때 명상을 하는 것은 아예 고려하지도 않았다. 첫 시도는 새벽 기상 직후 스트레칭을 마친 후 눈을 감고 명상하는 척을 하는 것이었다. 정말 '~척'같이 느껴졌다. 이게 뭐지, 뭔지도 모르고 앉아 눈을 감고 있는 느낌이 딱 그랬다. 그럴수록 명상이 나랑 맞는 것인가 고민이 커졌다. 시간 낭비같이 느껴지고 눈을 감고 앉아 있을 때 별의별 생각에 오히려 머릿속이 더 복잡해지는 느낌이었다. 그때 읽게 된 정민님의 책에서 내가 겪는 현상은 당연한 과정이라는 것을 알게 되었다. 흔히 명상을 하면 머릿속을 비워내는 것이라고 생각한다. 예상과는 달리, 아무런 생각이 들지 않아야 명상을 제대로 한 것은 아니라고 한다. 명상의 중요한 과정은 내가 드는 감정을 '바라보는'

데 있다. 생각이나 감정은 흘러가는 것이다. 이를 통제할 수 없다는 것을 알아차리고 '나라는 존재에 집중하는 법을 배우는 것'이 명상인 것이다.

싱잉볼 명상 프로그램에 참석한 적이 있다. 싱잉볼의 공명하는 사운드를 통해 이완을 경험하는 1시간 과정의 프로그램이었다. 참가비가 생각보다 비쌌다. 평소 짠순이인 내가 나에게 주는 선물 같은 시간으로 계획하고 큰마음을 먹고 등록을 했다. 발리의 요가원 같은 인상을 주는 건물에 들어서니 돈 쓰길 잘했다는 생각이 들었다. 머리를 양갈래로 땋아 내리고 마소재의 어두운 계량한복을 입은 선생님이 20개도 넘는 싱잉볼을 앞에 두고 연주를 시작할 때까지만 해도 오길 잘했다는 생각이 들었다. 누워서 싱잉볼 사운드에 집중하라고 하는 말씀에 자리에 누웠다. 옆에 담요도 가져가 놓고 한기가 느껴지면 덮으라고 할 때까지도 내가 잠들지 몰랐다. 눈을 감았다 뜨니 시간이 끝나 있었다. 비싼 돈 내고 낮잠을 자러 온 건가 싶었다. 나뿐 아니라 거기 있는 사람 대다수가 막 자다 깬 얼굴이었다. 당장 싱잉볼 명상이 주는 효과를 기대한 나는 크게 실망했던 기억이 난다.

명상을 할 때 처음에는 '나도 모르게 잤네, 딴생각을 너무 했어.'라는 생각이 든다. 여기서 중요한 것은 탓하거나 실망할 필요가 없다는 점이다. 우리가 명상을 하면서 혹은 나처럼 명상 프로그램에 참석하게 되면 바로 효과가 나타날 것이라 생각하지만 명상의 효과는 하고 난 직후가 아니라 일상에서 확인할 수 있다고 한다. 그 결과나 변화에 기대를 갖고 집착하지 않아야 효과가 금방 나타나는 것이라 한다. 명상에는 인생을 극적으로 변화시키는 힘이 있다고 한다.

내가 매일 10분 이하의 짧은 명상을 1년 이상 하면서 삶의 큰 변화를 경험했다고 한다면 믿을 수 있겠는가? 나는 정말 몸과 마음의 피로가 사라지고 건강해짐을 느낀다. 머리가 맑아지고 두통이 사라졌다. 사사로운 감정에 휘둘리지 않도록 도와주어 결과적으로 스트레스를 덜 받게 되었다. 집중력이 높아지고 시간을 효율적으로 활용하게 되었다. 매일 전부 다 경험하는 것은 아니지만 한 가지 이상을 경험하며 전과는 다른 인생을 살게 되었다고 느낀다. 이제 나는 자신이 원하는 상태에 쉽게 도달하도록 도와주는 명상의 힘을 굳게 믿는다.

성공한 사람들도 하나같이 입을 모아 명상을 칭찬한다. 말콤 글래드웰, 세스 고딘, 팀 페리스, 빌 게이츠가 성공요인으로 빼놓지 않는 것이 '명상'이다. 그들의 일상에는 명상이 있다. 세계적인 기업 애플, 구글, 인텔, 페이스북 등의 회사도 사원 연수 프로그램에 명상을 도입하고 있다. 명상은 스트레스 상황 속에서도 평정심을 유지하도록 도와주고 집중력도 높여준다. 명상은 누구나 쉽게 할 수 있고 누구에게나 극적인 변화를 경험하도록 도와준다. 당신의 일상에서 명상의 시간을 넣지 않을 이유가 없지 않은가?

나는 주로 가이드 명상을 한다. 명상이 생소한 사람들이 쉽게 접할 수 있는 방법이라 생각한다. 척추를 바로 세우고 유튜브나 명상 앱을 켜고 나오는 소리에 집중해 호흡하고 따라가다 보면 금세 명상시간이 끝난다. 쉽고 간단하게 명상에 빠져들 수 있어 좋다. 그중 명상의 가장 기본인 호흡집중명상을 할 때 가이드 선생님은 자주 코끝에 집중해서 들이쉬고 내쉬라고 말한다. 눈을 감고 있음에도 코끝에 집중하면 의식이 화들짝 코끝으로 모여 저절로 집중이 되는 경험을 할 수 있다. 중요한 것은 판단이나 평가 없이 그대로 바라보며 명상에 집중하려고 의식하거나 애쓰지 말고 자신의 주의를 호흡으로 가져오는 것이 전부라고 설명한다.

나는 성격이 아주 급하다. '빨리빨리'를 입에 달고 살았다. 제주도에 와서 좋은 점이 도시에서처럼 빨리 안 해도 괜찮다는 것을 깨달은 것이다. 그럼에도 집에서 간단히 살림을 할 때조차 시간을 아껴야 한다는 생각을 가지고 있었다. 잘 관찰해보면 설거지를 하면서 청소기 돌릴 곳을 바라보고 청소기 돌리면서 빨래할 것을 생각한다. 요리하면서는 냉장고에 재료를 꺼내지만 눈은 전자레인지를 돌릴 것을 생각해 마음이 급해진다. 이렇게 동동거린다고 할 일이 더 금방 끝나는 것이 아님에도 계속 그렇게 살던 내 삶의 변화가 찾아왔다. 명상은 '지금 여기'에 집중하는 것을 강조한다. 다른 잡념 없이 일하고, 집중하는 동안을 생각을 내려놓을 수 있게 하는 것이 명상이다. 나도 모르게 마음이 급해질 때는 호흡을 길게 세 번한다. 아주 간단하지만 효과는 좋다. 호흡에 의식을 집중하면서 '지금 여기'에 집중하는 연습을 하면 머릿속이 비워지고 금방 고요를 경험할 수 있다.

어릴 때 자주 배가 아파서 엄마랑 병원에 갔다. 의사선생님께서 나를 보고 "장이 꼬였네. 성질이 고약하구나." 하시던 얼굴이 아직도 기억난다. 어릴 때도 예민했던 나는 신경 쓰이는 일이 생기면 금세 배가 아팠던 것 같다. 지금도 종종 통증이 느껴질 때는 눕거나 편안히 앉아 어디가 아픈지, 왜 아픈지를 가만히 바라보곤 한다. 천천히 호흡을 가다듬으면서 명상을 하면 치유되는 느낌이 들면서 아팠던 부분이 조금씩 편안해진다. 이때 아픈 곳을 따뜻하게 어루만지며 감사를 느껴보려고 한다. 내가 존재할 수 있도록 나를 돕는 몸을 당연하게 여기지 않고 감사를 표현하면 기분이 좋아지면서 몸 안에 좋은 에너지가 충전되는 느낌이 든다.

밤 시간 잠자리에 들면서 오늘 있었던 일을 떠올리며 후회나 자책에 사로잡힐 때가 있다. '내가 왜 그런 소리를 했지? 이것밖에 안 되나?' 지난 일에 화가 나기도 한다. '그 사람은 나한테 왜 그런 말을 한 거지? 내가 우습나?' 이런저런 생각을 하면서 잠들지 못하는 상황이 생기는 사람은 명상을 하면 숙면에 도움이 된다. 명상은 호흡을 깊어지게 하고 깊어진 호흡은 부교감신경을 활성화해 긴장을 풀어준다. 이렇게 신경이 안정

되면 잠에 깊이 빠져들게 된다고 한다. 잠이 오지 않을 때는 숙면에 도움이 되는 명상을 해보자.

  하와이에는 '호오포노포노'라는 명상법이 있다. 호오=목표, 포노포노=완벽함을 의미하는 하와이 언어다. 완벽을 목표로 수정한다. 즉 잘못을 바로 잡는다는 말과 같다. 기도하듯이 '감사합니다, 사랑합니다, 미안합니다, 용서하세요.' 이 네 단어를 반복해서 되뇌면서 나와 주변을 정화하는 방법이다. 처음 접했을 때는 너무나 간단해서 이게 무슨 효과가 있을까 하는 생각이 들었다. 지금은 종종 정화가 필요한 순간이라는 느낌이 들면 몇 번이고 이 말을 되뇌게 되었다. 사실 호오포노포노의 진짜 목적은 과거의 기억은 정화하고 개인을 신성의 지혜와 연결해 본연의 삶으로 돌아가게 돕는 데 있다고 한다. '사랑합니다, 고맙습니다.'라는 말을 읊조리는 것만으로 좋은 기운을 얻고 '미안합니다, 용서하세요.' 하면서 스스로를 돌아볼 수 있다. 이 말을 지금 한번 해보라. 명상이 무언지 나는 모른다고 하던 사람도 그 효과를 즉시 체험할 수 있을 것이다. 나를 지지하는 가장 강력한 도구를 당신도 경험하길 바란다.

7

하루 15분 글쓰기로
나를 업그레이드하라

HBO에서 인기리에 방영된 드라마 〈섹스 앤 더 시티〉에서 주인공 캐리의 직업은 작가였다. 그녀는 노트북을 들고 작은 아파트 창가 책상과 방 안을 가득 채우는 덩치 큰 침대를 오가며 동명의 제목의 칼럼을 써 뉴욕타임즈에 기고를 한다. 그녀의 삶이 글이 되고 글이 그녀를 위로한다. 나중에 남편이 되는 미스터 빅을 처음 만난 날 무슨 일을 하느냐는 그의 질문에 "I'm a writer."(나는 작가예요.)라고 말하는 그녀의 대답이 너무나 섹시하게 느껴졌다. 아주 오래전 본 이 장면을 기억하며 언젠가 나도 그런 칼럼을 쓰는 작가가 되고 싶다는 로망을 가졌다. 지금 나는 똑같이 작은 집 창가에서 글을 쓰고 있지만 섹시한 뉴욕의 젊은 작가와는 좀 다른 느낌인 것은 어쩔 수가 없다. 다만 글이 그녀를 위로 했듯 나도 글을 쓰면서 위로 받고 있다는 점은 닮았다.

작가는 되고 싶다고 되는 직업이 아니라고 생각했었다. 신이 내린 영감의 소유자만이 글을 쓰는 전업 작가의 삶을 살 수 있을 거라 생각했다. 물론 그런 사람이 대형 베스트셀러를 쓰는 작가가 되는 것이겠지만 대부분의 작가는 입을 모아 말한다. 작가가 된 가장 큰 원동력은 시간에 있다고, 좀 더 자세히 말하자면 '엉덩이'에 있다고 한다. 강원국 작가는 『나는 말하듯이 쓴다』에서 시간과 글쓰기는 떼려야 뗄 수 없는 관계라고 하며 자신은 써질 때까지 쓴다고 말한다. 궁둥이를 붙이고 앉아 힘든 시간을 참아내고 포기하고 싶어도 이겨내다 보면 글은 써진다고 강조한다. 그는 타고난 재주가 없어도 시간을 들이면 된다는 생각으로 그렇게 많은 베스트셀러 저서를 남겼다고 한다. 나도 그만큼 해보기 전에 포기하지 말자는 결심이 든다. 그도 시간과 글쓰기를 관련지어 좋은 점을 많이 언급했지만 내 생각에도 시간으로 바라 본 글쓰기의 장점이 두 가지만은 확실한 것 같다.

첫째는 시간에 관계없이 할 수 있다는 것이다. 작가 캐리도 노트북만 있으면 자다가 깬 새벽에, 남자에게 차이고 돌아온 날 밤, 친구들이 돌아간 텅 빈 아파트에서 아무 때나 글을 썼다. 나는 아이들이 자고 난 뒤, 아무도 일어나지 않은 새벽, 남편이랑 대판한 뒤에 글이 술술 써진다.

둘째는 시간을 들이면 들일수록 잘 써진다는 것이다. 아무 때나 글을 쓰는 것도 어느 정도 글쓰기가 습관이 된 뒤에야 가능하다. 그전에는 일정시간 글쓰기 훈련을 해야 한다. 글을 쓰는 시간을 들이다 보면 실력이 느는 것이 보인다. 1만 시간의 법칙이 괜히 있겠는가. 시간을 투자해보자.

무엇을 써야 할지 모르겠다는 사람이 많다. 학교 다닐 때 같이 백일장 나가 글을 쓰듯 생각하면 글쓰기는 더 어렵다. 전업 작가처럼 고독의 시간을 참고 오랜 시간을 들여 글을 쓰려는 생각은 오히려 글쓰기를 방해한다. 캐주얼하게 몇 자 적어봐야지 생각하면 더 잘 써진다. SNS의 짧은 글이 잘 써지는 이유가 그래서다. 글을 안 써봤다면 더 쓰기가 어렵다.

나도 처음 글을 쓰려고 블로그 화면을 쳐다보고 앉아 생각만 하염없이 했다. 그럴수록 글쓰기는 더 어렵게 느껴졌다. 안 써본 사람은 생활하면서 글감을 모으는 메모글쓰기를 먼저 해보는 게 좋다. 생각이 정리되고 소재를 모으다 보면 글쓰기가 수월해진다. 글쓰기를 어렵게만 보는 사람은 글을 쓰기가 어려울 수밖에 없다. 누구 보여주려고, 있어 보이는 글을 쓰려고 할 때 글은 더 안 써진다. 나도 처음 블로그에 글을 쓸 때는 이웃이 내 글을 보지 못하게 하려고 비공개로 쓰기도 했다. 보는 사람이 없다고 생각하니 일기처럼 글이 써져 몇 줄씩 금방 써내려갈 수 있었다. 누가

본다는 생각을 내려놓고 써보라.

그럼에도 글쓰기를 못하겠다면 필사가 도움이 된다. 나는 처음 필사를 하면서 엉덩이를 붙이고 앉아 일정시간 글쓰기에 시간을 투자하는 법을 알게 되었다. 지금도 좋은 책을 읽으면 다 내 것으로 소화하고 싶은 마음에 필사를 한다. 필사는 단순히 끈기만 길러주는 것은 아니다 반복적으로 쓰는 과정에 문장의 구조와 표현, 단어의 흐름을 파악할 수 있다. 시는 풍부한 감성을 키울 수 있고, 소설을 통째로 필사한다면 그 서사에 더 깊이 빠져들 수 있다. 한 권을 필사하기 부담된다면 책을 읽으면서 밑줄 그은 부분을 써볼 수도 있다. 자기계발서라면 요점 정리된 부분을 메모하는 것도 필사의 한부분이 된다. 필사는 꼭 손을 써야 한다는 법칙이 있는 것은 아니다. 타자가 편하다면 타닥타닥 타자 소리를 들으며 경험할 수는 고요한 치유의 시간을 느껴봤으면 좋겠다. 한 권을 다 쓰고 나면 한 권을 완성한 작가가 된 듯 뿌듯함이 느껴진다. 종이와 연필 책 한 권이 줄 수 있는 최고의 기쁨을 누리기 바란다. 매일 필사를 하다 문득 '나도 내 글을 써봐야겠다'는 결심이 섰다. 며칠은 블로그에 주제를 잡아 이 얘기, 저 얘기 써내려갈 수 있었지만 이내 글 쓰는 시간 자체가 두려워졌다. 어느 주말 밤, 불 꺼진 거실 책상 노트북 앞에 무력하게 앉아 있었다. 문득 어느 작가님의 글쓰기 모임 공지를 보고는 바로 참가 신청을 했다. 매일 주제를 주고 그와 어울리는 자유로운 형식의 글을 쓰고, 30일 중 26일을 쓰면 참가비의 절반을 돌려주는 방식이었다. 30일간 매일 글을 쓰는 훈련을 해보니 생각보다 글쓰기가 재미있게 느껴졌다. 아이들과 있는 주말시간을 빼고는 거의 매일 썼다. 30개의 주제를 모두 쓰지는 못했지만 그럼에도 큰 수확이 있었다. 글쓰기가 더 이상 엄청난 과제처럼 무겁게 느껴지지 않았다.

뭐든 매일 하면 이력이 난다. 사전에 '이력'의 뜻을 찾아보면 '많이 겪어 알게 된 노하우'라고 한다. 노하우는 시간을 들여야 생기는 것이고 누구에게나 할 수 있다는 자신감을 선물해주는 것 같다. 누구라도 그런 자신감을 선물 받을 수 있다. 지금 바로 글쓰기를 시작해보라.

'나의 꿈은 작가가 아닌데?'라는 생각을 하는 사람에게도 글쓰기는 필요하다. 평범한 일상을 블로그에 올려 에세이집을 내기도 하고, 후기 글을 잘 써서 판매자의 기회를 얻기도 한다. 육아일기를 쓰면서 공감과 위로를 받고 육아 책을 출간하는 사람도 있다. 요리법을 매일 올려 요리 선생님의 길을 걷게 된 이도 많이 보았다. 독서기록을 올려 온갖 책을 무료로 제공받을 수도 있다. 파워블로거나 인플루언서 모두 글쓰기를 잘해야 가능하다고 해도 과언이 아니다. 자신은 글을 못 쓴다고 하는 사람들조차 하는 일에 대해, 요즘 빠져 있는 취미에 대해 물어보면 한참을 말한다. 강원국 작가도 본인의 저서에서 제목처럼 정말 말하는 것처럼 쓰면 된다고 제안한다. 글쓰기 습관을 아직 갖지 못했다면 무엇을 쓸지 보다 언제 쓸지를 정하는 것이 도움이 된다. 언제 어디에서 무엇을 쓸지가 정해지면 자연스럽게 글쓰기 습관을 들일 수 있다.

나의 첫 글쓰기의 시작은 감사 일기였다. 매일 밤 자기 전에 짧게 세 줄을 매일 쓰게 되면서 글쓰기의 매력을 느꼈다. 세 줄만 쓰다 보니 더 쓰고 싶다는 생각이 들었다. 『아티스트 웨이』에서 창조성 회복의 한 방법으로 권하는 '모닝페이지' 쓰기를 알게 되었고 매일 일기를 쓰기 시작했다. 꼬박 3장을 써보라는 미션에 꾸역꾸역 써내려가다 보니 내 마음을 털어놓는 친구같이 느껴졌고 이제는 나의 빠지지 않는 일과가 되었다.

『순서가 한눈에 보이는 정리 기술』이란 일본의 유명작가 니시무라 아키라의 책에서는 15분은 무언가에 집중하기 가장 좋은 시간이라고 말하며 15분 단위로 움직이라고 주장한다. 이 책을 읽고는 굉장히 감명을 받아 집안일이나 선뜻하기 싫은 일을 할 때 타이머를 15분에 맞춰두고 해치우곤 한다. 잘 활용하면 글쓰기 습관을 들이는 데도 좋은 방법이 될 것 같다. 감사 일기든 창조성을 일깨우는 모닝 페이지든 아니면 그냥 푸념이든 일단 15분씩 적어내려가는 것부터 시작해보자. 내 마음을 위로받을 수 있는 건 물론 금방 책 한 권이 써질지 누가 아는가? 이 짧은 시간 동안 성장하는 나를 발견할 수 있다면 그만한 투자가 어디 있겠는가? 작은 셀프코칭 15분 글쓰기로 나를 업그레이드해보자.

5장

행복의 뿌리는
나에게서
자란다

1

지금 이 순간,
나를 믿어주는 마법

바닷가로 이사를 온 뒤, 집에서 딸아이의 학교로 한 번에 가는 버스 노선이 있다는 것을 알게 되었다. 4학년인 딸이 혼자 버스를 타고 학교에 가겠다고 했을 때 난 좋은 생각이라고 말했다. 반면, 할아버지께선 혼자서는 아직 무리라고 하셔서 좀 당황스러웠다. 나는 초등학교 1학년 때부터 혼자 버스를 타고 40분 거리에 있는 초등학교를 다녔다. 사립학교를 보내고 싶어 하시던 아버지의 결정으로 집에서 먼 거리에 있는 학교를 다니게 되었다. 당신의 딸에게는 독립심을 키울 좋은 기회를 만들어주셨다고 자부하시면서, 손녀딸은 위험해서 안 될 것 같다는 말씀이 서운하게 들렸다.

며칠 그 생각에 좀 울적했다. 그런 일로 며칠이나 기분이 안 좋은 내가 이해되지 않았다. 그때 『1%의 마법』 책에서 최면과 심리치료를 접목한 '마음이여' 질문법을 알게 되었다. 최면 요법이라면 엄숙하고 음산할 것 같지만 이는 그저 '마음의 소리를 듣는 방법'이다. 거실 책상에 앉아 내 마음에 질문을 시작했다.

'마음이여, 그 일로 왜 아직 마음이 울적할까? 어릴 때 외롭게 혼자 학교를 다니던 내가 불쌍해. 마음이여, 불쌍하다니 어떤 의미야? 나는 혼자 버스를 타고 다니도록 내버려두고 이제와 손녀딸을 걱정하는 아버지한테 서운함을 느껴.' 그 순간 머릿속에 어린 시절 버스를 타고 다니면서 길을 건너기 두려웠던 순간, 혼자 위험할까 걱정하던 기억들이 되살아났다. 집에 돌아오는 길이 하염없이 멀게 느껴지고 낯선 사람들의 대화 속에 조용히 혼자였던 내가 보였다.

'나는 혼자고, 외로워. 아무도 나를 신경 쓰지 않아.'

이런 생각을 하곤 한참동안 눈물을 흘렸다. 곧 마흔인 아이 엄마가 초등학교 때 외로웠던 기억을 떠올리며 눈물을 흘리다니 황당했지만 다시 질문했다. '마음이여, 그런 마음을 어떻게 달래줄 수 있을까?' 갑자기 이런 답이 들렸다. '초등학교에 가봐!' 내가 졸업한 초등학교는 종로에 있었다. 제주도에 사는 지금 그곳까지 다녀오는 것이 맞을까 싶었지만 난 '마음의 소리를 듣는 것의 중요성'을 깨닫고 집중하려고 노력하던 중이었다.

바로 비행기 표를 끊고 다음날 아침 일찍 출발해 서울로 갔다. 내가 다니던 초등학교 앞 버스정거장에 서서 그때처럼 학교까지 천천히 걸어보았다. 학교 앞을 서성이며 어릴 적 나의 모습을 떠올려보고 학교 학생처럼 벤치에 앉아 홈페이지도 들어가 봤다. 교복을 입는 초등학생이 방긋 웃고 있었다. 방과 후 과정을 확인해보니 20개가 넘었다. 영어교육, 음악교육, 체육교육이 다 특별한 커리큘럼으로 운영되는 것을 확인할 수 있었다. 내가 다닐 때도 추첨입학이었지만 지금은 더 경쟁률이 높았다.

소수만 입학 가능한 학교를 다니는 데는 많은 비용이 든다. 그런 특별한 교육을 받게 해주고 싶으셨던 부모님의 사랑이 느껴졌다. 마음이 따뜻해지는 느낌이 들었다. 문득, 엄마가 나를 학교에 데려다 주시고 비올 때는 태우러 오셨던 날의 기억이 떠올랐다.(나중에 안 사실이지만 지금은 능숙한 드라이버인 엄마도 그 당시에는 막 운전면허를 딴 초보운전자였다고 한다.)

그날 이후 나는 어린 시절의 나를 위로하고 잘못된 믿음으로 부모님께 가졌던 서운한 감정을 극복할 수 있었다. '마음이여' 질문 덕에 힘들었던 과거를 따뜻한 사랑의 기억으로 바꿀 수 있었다. 어릴 때의 단편적인 기억으로 내가 외롭게 자랐다고 믿었다. 그 믿음은 생각일 뿐 진짜는 아니었다.

초등학교 시절 용기를 내 첼로를 배우고 싶다고 했다. 아버지는 "하던 거나 잘해."라고 차갑게 대답하셨다. 사실 당시 나는 플루트를 시작한 지 얼마 되지 않았었다. 미술학원과 피아노학원도 다니고 있었다. 부모가 된 지금이야 아버지의 대답이 100번 이해가 되지만 당시에 나는 그 말을 듣고 이런 생각을 갖게 되었다.

'나는 하고 있는 일도 제대로 하지 못하는구나.'

그런 생각에 믿음을 갖게 된 건지 중학교, 고등학교 때 나는 하고 싶은 일에 자신이 없었다. 의욕적으로 시작하다가 조금하면 더 잘할 수 없을 것 같단 생각에 금방 그만두고 싶어졌다. 부모님은 자꾸 포기하는 나를 보고 종종 끈기가 부족하다는 말씀을 하셨다. 나도 그런 생각에 동의했던 것 같다. 그것 역시 생각일 뿐 사실이 아니다. 영화 〈이상한 나라의 앨리스〉에 나오는 이 대화에서 생각과 사실은 다를 수 있다는 것을 알 수 있다.

앨리스: 불가능한 일이야.
미치광이 모자장수: 네가 그렇게 믿을 경우에나 그렇지.

마리 폴레오가 쓴 『믿음의 마법』 책 중 '2장 믿음이 바뀌면 모든 게 바뀐다'를 읽으며 그동안 끈기가 부족하고 포기만 하는 사람이라는 믿음은 잘못되었단 생각을 했다. 내가 어디가 이상해서 계속 포기만 하는 인생을 사는 것이 아니란 생각이 번뜩 들었다. 마리 폴레로는 미국의 성공한 '라이프 코치'이다. 그녀의 유튜브 채널 〈마리TV〉는 동기부여와 새로운 영감을 주는 콘텐츠가 가득하다. 꿈꾸는 사람들의 멘토이자 오프라가 인정한 차세대 생각 리더인 그녀의 처음은 초라했다. 대학졸업 후 증권사에 입사하지만 6개월 만에 그만두게 된다. 천직을 찾지 못했다는 판단에 여러 직업을 전전하지만 스스로도 이해가 가지 않을 만큼 방황을 한다. 모두가 승진하고 미래를 만들어갈 때 갈피를 잡지 못하는 와중에 코칭(coaching)이라는 새로운 직업을 알게 된다. 스물세 살의 나이에 누가 자신에게 코칭을 받고 싶을까 부정적인 생각도 들었지만 결국 그녀는 Vogue 편집실 자리를 마다하고 3년의 코칭 트레이닝 프로그램에 등록한다. 바텐더 일로 생계를 유지하면서 7년이란 시간동안 더디게 사업을 일궈나간다. 그녀는 그런 성장의 동력을 마음 속 분신이 자신을 믿어준 덕분이라 이야기한다. 그녀는 실현될 확률이 아주 낮게 느껴지더라도 생각을 현실로 바꿀 수 있다는 믿음을 갖는 것은 중요하다고 강조한다. 또 우리를 통제하는 힘, 바로 신념의 수준을 바꾸면 모든 게 바뀔 수 있다고 말한다.

어릴 때 나는 '끈기가 부족하다'고 믿었다. 지금의 나는 '한번 하고자 하면 해낸다'는 믿음을 갖고 있다. 신념을 제한하지 않는 믿음을 갖게 되니 자존감도 높아지고 성장하는 사람으로 살 수 있게 되었다.

지난 해 남편은 과일MD로 근무한 15년의 노하우를 담은 『1% 맛있는 과일 고르는 법』이란 책을 출간했다. 방송이며 유튜브의 섭외를 받아 나가서는 '한국 고유의 과일브랜드를 만들고 싶다'는 포부를 밝혔다. 영상을 보면서 나는 그게 가능하다고 믿는 남편이 정말 신기했다. 아무리 긍정적이라지만 일반 회사 직원이 한국을 대표하는 과일 브랜드를 어찌 만들겠다는 건지 그 배짱 한번 대단하다 느꼈다.

얼마 전 남편은 전화 한 통을 받고는 상기된 채 연락을 해왔다. 가락시장의 큰 청과회사 회장님의 부름을 받고 만나기로 했다는 것이었다. 미팅 후 남편이 전한 소식은 더욱 놀라웠다. 그 회장님께서 '너의 비전을 펼칠 장을 마련해주고 싶다. 너의 꿈이 나의 꿈과 같다. 함께 일해보자'는 제안을 하셨다고 한다. 나는 마리 폴레오의 책 제목처럼 '믿음의 마법'을 남편을 통해 다시 체험할 수 있었다.

드라마 〈오징어 게임〉이 세계적인 인기를 얻도록 도와준 인터넷영상서비스(OTT) 업체 넷플릭스의 시작은 원래 DVD 대여업이이었다는 것을 아는가? 1990년대 실리콘벨리의 기업가가 DVD 배달 사업을 구상한다고 했을 때, 아무도 성공할 수 없을 것이라 말했다. 비디오가게 대여점에서 테이프나 DVD를 직접 빌려서 영화를 봐야 하는 고객에게 DVD 배달 서비스는 대박이 날 것이란 그의 생각은 적중했다. 그러나 넷플릭스 전 CEO 마크 랜돌프는 창업시기부터 DVD시장은 금방 끝날 것을 내다보고 인터넷영상서비스(OTT)를 염두하고 준비했다고 한다. 인터넷으로 아무도 영화를 보지 않을 때부터 9년간 그는 시간이 오래 걸릴 것을 예상하며 넷플릭스의 사업모델을 구체화시켰다. 그가 미래를 내다보고 이러한 사업에 도전해 성공한 것은 자신의 아이디어를 깊이 신뢰한 믿음의 힘 덕분이 아니었을까?

스탠퍼드대학의 심리학 교수는 자신의 저서『마인드셋: 원하는 것을 이루는 태도의 힘』에서는 성장 마인드셋을 강조한다. 그는 고정 마인드셋과 성장 마인드 셋의 차이를 한 예로 설명한다. 학교에서 영어에 능숙하지 못한 학생을 대상으로 "영어 실력을 향상시켜야 할 학생을 대상으로 하는 특별강좌에 수강하겠느냐?"를 물었을 때, 성장 마인드셋을 가진 사람은 '자신의 지능을 언제든 향상시킬 수 있다'는 쪽에 동의하고 수강의사를 밝혔지만, 고정 마인드셋의 학생은 큰 관심을 보이지 않았다고 한다. 고정 마인드셋을 가진 사람은 지금 가진 것이 전부라는 생각을 갖고 있어 어려운 과제나 상황에 흥미와 관심을 쉽게 잃는다고 한다. 반면, 성장 마인드셋을 가진 사람은 배우면서 알게 되는 것에 큰 흥미를 느끼고 어려운 과제로부터 기쁨을 얻는다고 한다.

어느 쪽에 해당하는지 모르겠다면 '아직 모른다' 마인드 셋은 어떤가? 아직 해보지 않은 것 배우지 않은 것들은 모르는 것이 당연하다. 못해본 일은 겁부터 난다. 세상의 정답지를 모두 알고 태어났다면 얼마나 재미가 없겠는가? 결과는 아무도 모른다. 나를 믿고 과정을 즐기면서 하다 보면 좋은 결과에 도달할 수 있는 것이다. 반대라면 당연히 어떠한 결과도 얻지 못할 것이다.

나는 책을 쓰면서 마리 폴레오와 같은 '코칭' 일을 하고 싶다는 생각이 들었다. 모르는 것도 많고 준비해야 할 것도 많겠지만, 확실한 한 가지는 내가 할 수 있다고 믿으면 반드시 할 수 있다는 것이다. 당신도 지금 스스로에게 한번 질문해보자.

"마음이여, 무엇을 하고 싶은가?"

2

백 마디 말보다
한 번의 몰입이 중요한 이유

며칠 전 방학을 앞둔 딸에게 물었다.

"이번 방학은 무슨 영화 볼 거야?"
"또 보라고? 이번에는 애니메이션 말고 영화 볼래!"
"그래! 뭐가 되었든 매일 보는 거다!"

그렇게 우리 아이들은 방학에 영화나 애니메이션 하나를 정해서 매일 본다. 다른 것은 없다. 매일 보기만 하면 된다. 틀어놓고 레고 놀이를 해도 되고 그림을 그릴 때도 있지만 매일 같은 것은 집중적으로 들으면 영어실력은 눈에 띄게 는다. 내가 영어실력을 쌓은 방법이기도 하다. 드라마 〈프렌즈〉를 1년 내내 매일 3시간씩 보니까 대사가 저절로 외워지고 실력이 늘었다. 세상에 배우고 익히는 방법은 많지만 나는 언어만큼은 이 방법이 정말 확실하다고 느낀다.

지난 방학에는 토이스토리를 방학 30일 중 25번 이상 본 뒤 여섯 살 아들은 주인공 대사를 막 따라하게 되었다. 억지로 가르치려고 할 때보다 효과가 좋다. 이렇게 집중적으로 하는 것이 좋은 이유는 금방 성과가 보이기 때문이다. 집중 수행을 하다보면 하는 일에 결과를 금방 확인할 수 있어 자신감이 생긴다.

만약 하고 싶은 공부가 있어 대학에 다시 들어가야 한다는 생각을 하면 부담이 된다. 할 수 없을 것 같이 느껴지는 것은 당연하다. 관련 책을 한권 읽는 것은 부담은 되지 않지만 충분할 것 같지가 않아서 하기가 싫다. 매일 한 시간씩 관련 과목 수업을 듣는다면 어떤가? 30일이면 30시간이고 1년이면 365시간이다. 대학에서 몇 과목을 합친 수업시간 보다 많은 전문적인 지식을 얻기 충분한 시간이 된다. 결과를 따져봤을 때 충분히 해볼 만하다는 생각이 들어야 움직일 수 있다. 중요하다고 생각하면 노력하게 되지만 그렇지 않으면 좀처럼 움직여지지가 않는다. 이런 이유로 나는 집중해서 하는 것을 좋아한다.

요즘 사람들은 스스로가 별로 집중력이 뛰어나지 않다고 말한다. "나는 집중 시간이 짧아서 오래 한 가지 일을 못 해."라는 말을 자주한다. 컴퓨터 모니터에 집중해서 일하다가 광고메일이 오면 금방 클릭하고, 옷을 구경하다 휴대폰에 온 친구의 문자에 관심이 쏠리다보면 시간은 금방 지나간다.『집중력, 마법을 부리다』는 미국의 커뮤니케이션 작가 샘 혼 이 그런 사람들의 고민을 해결해주고 싶다는 생각으로 쓰게 된 책이다. 그녀는 신발 끈을 매는 방법을 배우듯 주의 집중 상태를 유지하는 방법도 배워야 한다고 말한다. 여러 단계로 이루어진 과정을 계속 반복하다 보면 나중에는 생각할 필요도 없이 저절로 하는 수준에 도달할 수 있단다. 그녀는 5가지의 5분 두뇌 훈련을 제시하면서 우리 마음을 한 점에 모으는 법을 익힐 수 있다고 주장한다. 나는 이 훈련 내용을 접한 후 매일 아침 화장실에 들어가면 하는 습관을 들였다.

1단계. 조용한 장소 찾기

샘 혼은 하루를 정리하는 마지막 시간을 추천했다. 나는 화장실을 선택했다. 화장실만큼 조용한 장소가 없고 아무의 방해도 없이 할 수 있어서 좋다.

2단계. 마음에 주는 지시문 정하기

간단하면서 긍정적인 문장 '나는 집중을 잘한다.'를 제시한다. 나는 '나는 마음먹은 일은 한다.'로 정했다. 5분 동안 이 문장에 생각을 모으는 것이다. 경험으론 꼭 5분이 아니어도 효과가 있었다.

3단계. 지시문 되뇌기

소리 내어도 되고, 조용히 속삭여도 된다. 지시문에 온 주의를 집중한다.

4단계. 잡생각 막기

잡생각이 떠오르면 '안 돼!'라고 생각하고 다시 지시문으로 주의를 돌린다. 정신이 분산되는 것은 당연하다. 자책할 필요 없이 그저 '안 돼!'라는 말을 하고 지시문을 다시 반복한다.

5단계. 계속하기

불안한 마음으로는 아무것도 이룰 수 없다. 성공의 핵심은 '꾸준함'이라는 것을 기억하고 반복해서 한다.

샘 혼은 이 작업을 통해 아무리 유혹이 많은 상황에서도 당신이 원하는 대로 마음을 따라오게 할 수 있다고 말한다. 나는 정말 이 훈련을 통해서 생각과 나를 분리하고 바로 마음의 방향을 바꾸는 법 알게 된 것 같다. 『왓칭, 신이 부리는 요술』의 김상운 작가도 책 전반에서 관찰자 시점으로 바라보는 것의 중요성을 강조한다. 5분 두뇌 훈련의 집중력 강화 방법도 이 바라보기의 한 방법이 아닐까라는 생각을 했다.

나는 매일 명상을 한다. 명상 가이드 선생님은 명상 후 눈을 뜨기 전에 손을 눈앞에 가져갔다 마사지 한 후 천천히 눈에서 떼라고 말한다. 손에만 집중하며 천천히 시선을 가져다가 보면 주변이 차단되면서 마음을 하나로 모으기 쉽다. 마음을 집중하는 훈련도 손을 눈에서 떼는 과정과 비슷할 것이다. 마음이 복잡하고 할 일이 많을 때 딱 한 가지 일만 생각하고 다른 일의 스위치를 끄는 마음까지 닿는 손이 있으면 좋겠다. 그런데 놀랍게도 우리는 이미 그 방법을 알고 있다.

제주도에 막 왔을 때는 서울에서 자주 가던 쇼핑몰이 몹시 그리웠다. 내가 일주일이면 3일은 가던 하남시의 스○○○를 딱 생각하는 순간 그곳의 그림이 그려진다. 입구를 지나 어느 매장이 있고 그곳을 지나 저곳을 자주 갔었고, 커피는 창가의 어느 자리에 앉아 마셨던 생각이 난다. 자주 점심을 먹던 국수 가게의 그 향과 맛까지 떠올릴 수 있다. 이건 나만 할 수 있는 신기한 재주가 아니다. 우리는 생각을 주도할 수 있다. 우리의 마음은 근본적으로 생각하지 않을 수가 없고 생각을 멈추는 것이 오히려 더 어렵다. 사소한 것만이 아닌 내가 원하는 중요한 일에 대해서도 아래와 같은 방법으로 생각을 집중할 수 있다.

첫 번째, 소리 내 말하기

드라마에서 주인공이 혼자 사무실 책상에 앉아 엉뚱한 곳으로 생각이 막 흘러갈 때 혼잣말로 "뭐해! 어서 서류 검토해야지!" 하는 장면을 본 적이 있는가? 소리를 내서 자기 이름을 부르고 "영은아! 초코과자를 먹으려고? 차 마시기로 했잖아!" 말하면 주의가 환기되면서 다이어트 계획이 다시 떠오르게 된다. 시험기간 해야 할 공부가 너무 많게 느껴질 때도 소리 내 "수학을 30분하고 그다음 국어를 하는 거야!" 말하면서 한 가지에 집중력을 높일 수 있다.

두 번째, 시간(기한) 정하기

'30분 동안 청구서를 정리하겠다.' 기한을 정하면 하기 싫은 일도 그만큼만 견디면 된다는 생각이 든다. 할 수 있는 시간이 많을 때는 집중이 되지 않다가 막판에 막 집중해서 마무리해본 경험이 있는 사람들은 알 것이다. 마감시간이 얼마 남지 않았을 때 집중이 훨씬 잘된다. 스스로에게도 그런 시간을 정해놓고 해보면 집중력이 쑥쑥 올라가는 경험을 할 수 있을 것이다.

세 번째, 목록화하기

여러 가지 할 일이 많고 무엇부터 해야 할지 명확하지 않다면 모든 일이 뒤죽박죽으로 섞인 듯 느껴진다. 해치워야 할 일이 쌓여 있을 때 마음만 복잡한 경험은 누구나 있다. 이럴 때 우선순위에 따라 일을 나누면 하나씩 처리할 수 있다. 이때 시간까지 정해 놓으면 금상첨화다. 목록을 하나씩 지워나가면서 '끝냈다. 완성했다.'라는 생각이 들면 성취감도 높아진다. 이렇게 집중해서 해야 할 일을 끝내면 하고 싶은 일을 할 수 있는 시간을 만들 수 있다. 다른 일의 생산성도 덩달아 올라간다. 여러 일을 말끔하게 마무리하면 자신감도 높아진다. 집안일을 할 때 빨래 설거지도 다하고 바닥도 물걸레로 깨끗하게 닦고 책상 위에 어질러진 물건 없이 정리된 것을 보면 마음이 평온해진다. 우리가 집중했을 때 얻을 수 있는 효과는 바로 이런 것이다.

아무래도 집중이 잘 안되고 무엇부터 집중해야 할지 모르겠다는 사람에게 유용한 방법이 있다. 샘혼 작가는 이런 갈등의 순간에 하면 좋은 질문을 제시한다.

"지금부터 1년 후에는 무엇이 중요하게 여겨질까?"

나는 새벽 기상을 미루고 더 자고 싶은 유혹에 시달릴 때 갑자기 이 질문을 떠올리곤 한다. 한 시간 더 자는 것이 중요할까? 아니면 지금 일어나 하고 싶은 일을 하는 것이 중요할까? 어둠에서 분홍빛을 내면 천천히 떠오르는 일출을 보면 항상 일어나길 잘했다는 생각이 든다. 이 질문 하나를 기억하는 셀프코칭 훈련으로 우리는 매일 충분한 동기부여를 받으며 살 수 있을 것이다.

3

모든 것을 통제할 수
없음을 인정하기

　열두 살이 된 딸이 사춘기에 접어들면서 그 아이와 나 사이의 벽이 생기기 시작했다는 것을 깨닫게 되었다. 딸은 학교생활에 문제가 없었고 공부도 성실히 했지만 잠자는 시간이나 핸드폰 사용에 대한 집안의 규칙에 불만이 있었다. 나는 그럴수록 규칙을 더 강조하고 감시하고, 잔소리를 했다. 이런 나에게 딸은 방어적이고 버릇없게 행동했다. 딸아이의 휴대폰 비밀번호가 바뀌고 처음 남자친구를 사귀게 된 것을 다른 엄마에게 듣고 나서야 어떻게 해야 할지 고민하기 시작했다. 주변 사람들은 딸아이가 공부도 열심히 하고 학교에서도 바르게 생활을 하고 있기 때문에 걱정하지 말라고 했다. 엄마인 나는 그랬기 때문에 더욱 좌절감이 들었다. 매일 함께하고 모든 것을 나누던 우리 모녀 사이에 틈이 생기기 시작한 것이다. 나는 억울한 생각마저 들었다. 내가 그동안 너를 위해 희생하고 아낌없이 주었던 사랑에 대한 보답이 이런 것이냐고 묻고 싶었다.

만약 딸이 옷을 아무 곳에 벗어두거나 약속한 만큼의 공부를 하지 않으면 나는 책임감을 운운하며 비난을 퍼부었다. 딸이 용돈을 달라거나 최신형 휴대폰을 사달라고 하면 "네 할 일도 제대로 안하는데, 내가 왜 그래야 하는데?"라고 응수했다. 공정함을 내세우며 딸아이가 조금이라도 규칙에 어긋나면 화를 내고 당연히 그래도 되는 것처럼 소리를 질렀다. 나의 태도는 우리 사이에 아무 도움이 되지 않았을 뿐더러 이 상황을 더 심각하게 만들고 더욱 멀어지게만 했다.

어느 날 옆에서 자고 있는 작은아이를 바라보며 순간 서글퍼졌다. '너도 커서 누나같이 그럴 거지?' 그러다 문득 내가 이 상황의 탓을 딸에게만 돌리고 있다는 생각이 들었다. 순식간에 작은 소녀에서 큰 숙녀가 되어버린 딸아이와의 지난날을 돌아보게 되었다. 앞으로 성인이 되어서 나의 곁을 떠날 때까지 시간이 오래 남지 않았다는 사실이 떠올랐다. 우리 사이의 분노와 오해가 고통스러운 기억으로 평생 남을지 모른다는 생각에 충격을 받았다. 이제는 다른 방법을 시도해야 했다.

다음 날 친한 언니에게 이런 고민을 상담했다. 우린 딸 친구의 엄마로 만났지만 베프가 되었고, 언니에게 '내부러언니'라는 별명을 지어줬다.

그녀는 어떤 상황에서도 "그냥 내버려둬. 괜찮아." 할 수 있는 초연함을 갖추었기 때문이다. 나보다 몇 살 언니지만 훨씬 성숙하고 마음이 넓었다. 이해심이 깊고 너그러운 언니는 나와 같은 서울여자였지만 '서울깍쟁이' 같지 않았다. 제주도로 시집와서 시댁식구들에 둘러싸여 살아도 주변에 인색하지 않고 항상 밝은 태도를 유지한다. 딸의 남자친구 소식을 전해준 것도 그 언니였다. 언니는 나의 이야기를 한참 듣고는 이런 조언을 했다.

"좀 내버려둬. 영은아."

나는 딸이 인생에서 실패하고 성취감을 느끼지 못하는 불행한 삶을 살까 두려운 마음이었다. 그런 나의 불안한 마음이 아이에게 강압적인 행동으로 비춰졌고 때문에 아이는 나에게 실망했던 건지도 몰랐다. 나의 도움이나 조언이 잔소리로만 느껴지게 만든 사람은 그 누구도 아닌 나였다. 인생의 가르침을 주고 좋은 조력자의 역할을 하지 못하고 건강한 관계를 만들어가지 못한 것이다.

영어 표현에 컨트롤프릭(Control freak)이라는 말이 있다. 만사를 자기 뜻대로 하려는 사람이라는 의미의 표현은 딱 지금의 나를 말하는 것일지 모른다. 나는 사춘기를 겪는 딸을 존중할 수 있어야 했다. 내가 말한

대로 따르지 않는다고 화를 내기보다 의견을 조율하고 규칙을 수정할 수 있었다면 좋았을 것이다. 무엇보다 딸이 원할 때 언제든 열린 마음으로 대화를 이끌어나갈 수 있는 엄마가 되지 못하고 독불장군처럼 내 맘대로 한다고 비춰진 건지도 모르겠다. 더 이상 딸아이의 모든 것을 통제할 수 없음을 인정하고 한 발 물러선다면 우리 관계가 훨씬 좋아질 것 같았다.

우리 모녀 사이가 이렇게 된 건 내 잘못도 그 아이의 잘못도 아니었다. 그저 우리 사이에 변화를 알아차리고 못하고 옛날 방법을 그대로 고수한 것이 문제였다. 이렇게 생각하자 나의 마음에는 다시 애정이 느껴졌고, 무엇보다 가장 중요한 것이 무엇인지 떠올랐다. 딸과 나는 서로를 사랑하고 있다는 사실이었다.

인생에서 우리는 내가 변화시킬 수 있는 것과 그렇지 않은 것을 구분할 수 있어야 한다. 나는 모든 일에 영향을 끼칠 수 없다. 자신에게 벌어지는 많은 상황은 제어할 수 없을 때가 더 많다. 다만 우리가 제어할 수 있는 것은 생각뿐이다. 〈평온을 비는 기도〉를 한 번쯤 들어본 적이 있을 것이다.

"신이시여, 저에게 변화시킬 수 없는 것을 받아들일 수 있는 평온함을, 변화시킬 수 있는 것을 변화시키려는 용기를 그리고 그 둘의 차이를 알 수 있는 지혜를 주시옵소서."

우리 삶속에서 이 기도는 항상 필요하다. 오늘 출근길에 만난 이웃도, 사춘기 아이를 둔 부모도, 주식투자를 하는 개미들에게도….

　최근 책을 쓰느라 아주 분주한 와중에 주변 친구가 주식투자를 권했다. 지금이 적기라 어서 투자를 시작해야 한다는 말을 했다. 나는 정말 정신이 없어 다른 것에 눈 돌릴 여유가 없다고 했지만 그 친구는 지금 장이 너무 좋으니 다만 얼마라도 자기가 말하는 종목에 투자하라고 재촉했다. 사실 그때 나는 투자할 여윳돈이 있는 것도, 주식에 대한 지식이 있는 것도 아니었지만 주변 사람들이 다 주식을 하는데 나만 안하고 있는 것에 신경이 쓰였다. 그날 갑자기 덜컥 주식을 샀다. 다음 날 오른다던 주식은 오히려 내려갔다. 권유한 친구는 당황하며 미안해했고 손해 본 금액만큼 본인이 보상하겠다고 했다. 나는 며칠 주식 생각에 안타깝긴 했지만 어쩔 수 없는 일 같았다. 내가 주식에 대해 문외한이고 투자정보를 알아볼 여력도 없는데 손해를 본 건 어찌 보면 당연하지 않은가?

　세상에 일어나는 모든 일이 내 마음과 같으면 좋으련만 그렇지 않은 일은 비일비재하고, 그때마다 우리는 좌절을 경험한다. 끊임없는 걱정과 두려움은 스트레스가 된다. 그럴 때 우리는 그리스 철학자의 진리에 귀 기울일 필요가 있다. 변화할 수 있는 것과 그렇지 않은 것을 구분하라. 어떻게 해볼 수 있는 것은 조치를 취하면 되지만 영향을 끼칠 수 없다면 내려놓는 것이 옳다.

『불행 피하기 기술』의 저자 롤프 도밸리는 이런 질문을 한다. '당신은 최저임금에 대해 어떻게 생각하는가? 기업에서 유전자 조작 식품의 판매해도 될까? 인간이 지구 온난화에 끼치는 영향은? 전쟁난민은 유럽에서 추방해야 할까? 아니면 모두 수용해야 하는가?' 사람들은 이런 질문에 타당한 의견을 가지고 대답하지 못하면 자책하고 멍청한 두뇌를 원망한다. 그게 사실일까? 꼭 모든 것을 다 알고 깔끔한 답변을 준비해두고 살아야 할 필요는 없다. 롤프 도밸리는 사람들이 모두 '의견의 과부하'에 빠져 있다고 말하며 마음속에 '너무 복잡해' 통을 마련하라고 권한다. 관심이 없고 대답할 수 없는 것, 대답해야 하는데 시간과 노력을 기울이고 싶지 않은 문제는 그 통에 집어넣으라고 한다.

나는 이 책을 읽으면서 우리도 삶의 일어나는 많은 일들을 '통제 불가' 통에 넣을 수 있어야 한다는 생각을 했다. 모든 것에 통제권을 가지고 살 수는 없다. 내가 할 수 있는 일이 있고 그렇지 않은 일은 분명히 존재한다. 그렇다고 내가 무능하고 느끼며 부끄러워할 필요도 없다. 우리의 진짜 문제는 모든 일은 처리하려다 과부하가 걸리는 것이다. 문제가 발생한지도 모르고 늘 하던 대로 사는 것이 진짜 문제이다. 이런저런 상황에 모두 개입하고 해결책을 제시해야 할 것 같은 압박이 든다면 한 발 물러나라. 세상은 당신의 도움 없이 잘 돌아가고 있다는 것을 받아들여라.

그런 태도는 너무 무책임하게 느껴질 수도 있다. 세상은 이타적인 것에 높은 가치를 부여하기 때문이다. 하지만 사람들의 목표가 세상을 좋은 곳으로 바꾸는 데 있다고 해서 갑자기 세상이 천국으로 바뀌지는 않을 것이다. 우리가 세상을 더 좋게 만들 수 있는 확실한 한 가지 방법은 좋은 엄마, 좋은 남편, 좋은 이웃이 되는 것이다. 자신의 일을 잘해내는 것이 남에게 도움이 되고 더 좋은 세상을 만드는 일이다.

우리는 종종 확신하지 못하는 일들에 맞닥뜨린다. 그때마다 나는 기적이 있다고 믿는 편이 삶을 더 빛나는 눈으로 바라보게 도와준다고 생각한다. 막막한 상황에서도 언제나 희망이 있을 거라는 믿음을 갖는 것이다. 기적이란 우리보다 더 큰 존재가 우리를 항상 좋은 쪽으로 이끄는 것을 확인하는 일이다. 한 걸음 물러서서 가만히 기다려보자. 기적이 코앞에 일어나고 있을 것이다.

4

돈과 적당히
잘 지내는 법

넷플릭스에서 〈셀링 선셋〉이란 리얼리티 쇼를 보게 되었다. 미국 캘리포니아의 고급주택을 거래하는 공인중개사 여자들의 삶을 적나라하게 볼 수 있어 흥미롭다. 몇백 억을 호가하는 주택의 중개 수수료는 몇 억이 훌쩍 넘기에 그녀들의 삶은 화려하다 못해 비현실적으로 느껴진다. 연예인 뺨치는 외모와 완벽한 패션센스를 가진 그녀들은 명품 가방을 들고 디자이너 슈즈만 신고 다닌다. 슈퍼 카를 타고 다니며 슈퍼 리치 피플의 '스위트홈'을 찾아 주는 그녀들의 삶은 완벽할 것만 같다. 그러나 소위 회식자리에 둘러 앉아 서로가 나누는 대화는 일상적이다 못해 측은하기까지 하다. 삼삼오오 모여 자리에 없는 사람을 '걱정'하고 앞에서는 박수쳐

줄지언정 시기와 질투가 난무한다. 나는 크리셀이 36억짜리 집을 사고 축하하는 자리에서 출산휴가를 간 크리스틴을 '걱정'하는 장면을 보며 이런 말을 했다.

"그래, 돈 많아서 뭐해? 사는 거 다 똑같아!"

내뱉은 말에 스스로 깜짝 놀랐다. 사실 나는 1년째 매일 아침마다 『백만장자 시크릿』에 나온 선언문을 따로 타이핑해서 책상 맡에 놓고 소리 내어 읽고 있었다. 그중 이런 문구가 있다.

"난 부자들에게 감탄한다. 난 부자들을 축복한다. 난 부자들을 사랑한다. 나도 그런 부자가 될 것이다."

20여 가지의 선언문은 돈과 성공에 대해 내가 가졌던 인식에 많은 변화를 가져다주었다고 생각했는데 아직 아니었나 보다. 그녀들의 성공과 부 아름다운 외모에 질투가 났는지도 모르겠다. 아이를 낳고도 2주일 만에 완벽한 몸으로 복귀하는 크리스틴의 슈퍼파워가 뭔지 궁금하면서도 '그러다 늙어서 고생한다'는 생각으로 그녀의 노력을 폄하하려고 했다. 흔히 물질적인 부유함만 추구하는 것을 부정적인 것이고 돈에 대해 집착하는 것은 파멸을 불러온다고 생각한다. 솔직히 답해보자. '돈은 좋은 것

아닌가?'

한때 유튜버들의 수입이 공개된 적이 있다. 사람들은 그런 그들의 재능을 부러워하면서도 편하게 돈 번다고 그들을 조롱하기도 했다. 그들의 노력을 모르는 사람들에 그냥 하는 소리라고 생각할 수 있지만 이 질문만은 꼭 해봐야 할 것 같다. '쉽고 편하게 돈을 벌면 나쁘다고 생각하는가?' 돈을 많이 벌고 쉽게 취하는 것은 나쁘다는 생각을 가지고 '그럴 바에 는 가난하지만 정직하게 사는 것이 났지.'라는 생각을 갖는 것은 매우 안타까운 일이다. 가난한 상태로는 즐거운 일을 할 수도 없고 사회에 도움이 될 수도 없다.

『돈의 속성』의 저자 김승호님은 돈에도 인격이 있다고 말한다. 그는 돈을 함부로 대하는 사람에겐 돈도 다가가지 않는다고 하면서 자신은 돈과 함께 잘 사는 법을 배웠기 때문에 부자가 될 수 있었다고 한다.

이렇게 돈에 대해 이야기하는 책은 공통적으로 우리가 현재 돈에 대해 갖는 생각은 환경에 영향을 받았다고 주장한다. 나 역시 그랬다. 나의 아버지는 무일푼에서 혼자만의 노력으로 자수성가한 사업가이셨기에 돈을 버는 것은 고된 일이라 여기셨다. 나에게 항상 돈 벌기가 쉽지 않은 일이라는 말씀을 하셨다. 엄마에게 돈은 금방 사라지는 것이었다. 시댁식구들 뒷바라지에 애들 학원비로 나가버리면 결국 남는 건 없는 아쉬운 것이란 생각이 강하셨던 것 같다. 어쩌다 목돈이 생겨도 자신에게 좋은 것으로 바꾸기보다 쉽게 없애버리셨다. 나의 머릿속에도 은근 그런 생각들이 주입되었는지, 힘들게 돈을 벌지 않는 상태는 괴로웠다. 빈둥거리는 것은 죄악이고 언제나 근면하게 직접 노력으로 돈을 벌어야 한다는 생각을 했다. 돈이 생겨도 쓸데없는 자잘한 것을 사는 데 써버리고 진짜 원하는 것 하고 싶은 것에 소비하는 건 어렵게 느꼈다.

어느 날『야무지고 사치스럽게 살면 된다』는 일본 심리 카운슬러의 책을 보고서는 충격을 받았다. '사치스럽게'라는 말의 뜻을 찾아보면 '꼭 필요한 것은 아니지만 자신의 즐거움을 위해서 소비하는 것'을 말한다. 꼭 필요하지 않지만 즐겁기 위해서 돈을 써보았는가? 어쩌다 충동구매로 필요하지도 않은 스웨터를 사고는 사치했다고 느끼며 자책을 했지 즐겁고 행복하다 느낀 적은 없었다. 책에서는 우리가 '좋다'는 감각에 민감해지라고 말하면서 마음이 설레는 것들로 채우는 것의 중요성을 언급한다. 작가는 지미추 구두를 신고부터 싼 구두는 신지 않는다고 한다. 비싸고 좋은 구두는 당당한 자신감을 주는 반면, 값이 싼 구두를 신을 때마다 '내가 이 정도밖에 안 되는 인간이군'이란 암시에 걸린 느낌이 들기 때문이라고. 이 책을 읽고 다음 날 나는 새로 나온 아이폰을 샀다. 지원받으면 50만 원 정도에 신형 갤럭시 핸드폰을 살 수 있었지만 평소 사고 싶던 100만 원이 넘는 아이폰을 질렀다. SNS에 열심히 할 때라 근사한 사진을 위해 필요하다고 느꼈지만 주저하기만 했었다. 그날 '좋다는 감각에 민감해지자!' 결심하고 한 선택이었다. 이후 마음을 설레게 하는 일에 돈을 쓰는 것은 삶을 더 풍요롭게 한다는 확신이 들었다. '진짜 원하는 것, 내가 좋은 것, 내가 만나고 싶은 사람'등을 생각하면서 나의 진심에 귀 기울이기가 더 쉬워졌다. 이렇게 주변을 마음 설레는 것, 좋아하는 것으로 채워가다 보면 쓸데없는 것에 마음과 시간, 돈을 빼앗기지 않게 되는 것 같다.

오프라 윈프리는 자신의 책『내가 확실히 아는 것들』에서 빚을 지는 일이 얼마나 끔찍한지 아버지에게서 받았던 교훈으로 스스로를 힘들게 했던 때를 고백한다. 그럼에도 그녀는 필요한 것에 돈을 쓰는 중요성 강조하며 능력치를 넘어서는 소비는 삶을 끔찍하게 만들 수 있다고 말한다. 오프라 본인이 물건을 살 때 항상 하는 질문을 우리도 해보라고 권한다.

"이걸 사면 내 기분이 어떨까?"

이 질문에 '별 생각이 없는데' 한다면 내려놓거나 기분 좋아질 친구를 위해 산단다. 예쁘고 좋은 물건을 볼 때면 모두가 꼭 필요한 것 같다는 생각을 한다. 막상 카드를 긁고 집에 와서 보면 비슷한 것은 여러 개이고 왜 샀나 싶어 기분이 안 좋다. 〈셀링 선셋〉을 보면 그녀들의 아름다운 드레스가 예뻐 보이고 가방이며 구두 모두 다 갖고 싶다. 다 살 수 있다면 기분이 정말 좋을 테지만 그 모든 것이 나에게 필요한 것이 아니다. 핑크색 탑 드레스와 완벽히 매치할 수 있는 핑크색 루이비통 미니 백을 산 후 입고 나갈 생각을 하면 얼굴이 화끈거린다. 여기는 캘리포니아가 아니기 때문이다.

　돈을 꽉 붙잡고 쓰지 않는 것도 흥청망청 낭비하는 것도 좋지 않다. 돈과 적당히 잘 지내기 위해서는 잘 써야 한다. 갖고 싶은 것을 실컷 사고 재미있는 일을 마음껏 할 만큼 돈이 있는데도 여전히 더 갖고 싶고 부족하다고 느껴지는가? 그렇다면 허전함을 채울 다른 방법을 알아봐야 한다. 꼭 필요한 거라 느껴 큰돈을 쓰고 집에 와서 그 물건을 보고는 마음이 설레지 않으면 잘 못쓴 것이다. 돈을 쓰면서 정말 원하는 것인지 질문해보고 즐거워할 만한 일에 에너지를 쓰려고 노력해보자. 지금 이 순간 충분한 돈을 갖고 있다는 느낌을 갖고 '있음'에 집중해보자. 마음의 만족이 올라가고 나다워지는 경험을 할 수 있을 것이다.

5

행운이 시작되는
기적의 말버릇

아들과 매일 아침 출근길에 유튜브에서 코코멜론 키즈송을 찾아 듣는다. 귀여운 캐릭터들로 상황을 잘 표현한 장면과 가사, 리듬이 찰떡처럼 잘 어울리는 좋은 영상이다. 오늘 내가 쓰려는 글의 내용을 궁리하며 듣다보니 참 좋은 표현이 귀에 들어왔다.

When you get something you want what's the magic word?
(네가 어떤 것을 원할 때 쓸 수 있는 마법의 말은 뭐지?)
Please & Thank you.
(부탁해, 고마워.)

'고마워, 감사해.', '부탁해.'라는 표현이 긍정의 말이기는 해도 마법의 말이라고 생각해본 적은 없다. 나는 오늘 이 영상을 보면서 '정말 그렇구나! 매직 워드가 맞네!'라며 무릎을 탁 쳤다.

성공한 사람들이나 소통이 뛰어난 사람들을 TV나 영상에서 보면 친절하고 밝은 얼굴로 '고맙습니다.'라는 말을 자주 하는 것을 본 적이 있을 것이다. 이 말은 사람들이 듣기 좋아하는 말일 뿐 아니라 나의 성공에도 좋은 씨앗이 된다. 내가 하는 말을 가장 많이 듣는 사람이 누구인지 아는가? 바로 나 자신이다. '고마워, 덕분이야, 감사합니다, 부탁해요.'라는 친절의 말을 많이 하면 나의 정신 건강에 긍정적인 영향을 준다. 사람의 마음은 무의식의 상태에서 자신의 말을 받아들인다. 그러니 좋은 말을 자꾸 하면 할수록 결국 나에게 좋은 것이다.

누군가 칭찬의 말을 한다. "피부가 정말 좋으시네요.", "옷을 정말 깔끔하게 잘 입으시네요.", "검정색이 잘 어울리기 쉽지 않은데 정말 시크하세요." 이런 말을 들으면 "에이 뭘요, 아니에요. 그냥 집에 있는 거 입은 거예요. 검정색밖에 없어서."라고 대답하는 것이 익숙하지 않은가? 오늘부터는 누군가 칭찬한다면 그저 한마디 "고맙습니다." 하며 웃어보자. 칭찬은 말로 하는 선물과 같다고 한다. 선물은 고맙게 받는 것이 상대에 대한 예의이다. 선물을 받고 나도 좋은 선물로 갚을 수 있으면 더 좋다. 칭찬을 적극적으로 받아들이면 그런 자격이 있는 사람이라는 인식이 강해지고 더 받을 만한 사람이 되려는 노력을 하게 된다. 성공한 사람들이 얼마나 자연스럽게 감사를 표시하고 칭찬을 받아들이는지는 관찰해보면 도움이 된다.

제주에 내려오라고 권유하셨던 교회 장로님이 어느 날 나를 불러 "카페를 맡아 운영해볼래?" 하셨다. 카페 관련 경험이 없었지만 "해보겠습니다. 저에게 맡겨주세요." 자신 있게 말씀드렸다. 제주에서 카페 운영은 많은 이들의 로망 아닌가? 내 돈도 들이지 않고 경험해볼 수 있는 좋은 기회라고 생각했다. 2주간 매일 9시부터 9시까지 나가서 일을 배웠다. 하루 종일 서서 커피를 내리고 그릇을 닦고 화장실 청소에 바닥 청소를 해보니 알았다. '카페 운영은 너무 힘들다.' 경험을 해보니 알 수 있는 것들이 있다. 결국 맡지 않기로 했지만 요청한 장로님은 해보겠다는 도전 정신을 보셨을 것이다. 물건 판매점에서 '이런 제품을 찾고 있어요.'라는 요청에 '아, 그러세요. 제가 한번 찾아보겠습니다.' 한 후 '죄송하지만 없네요.' 말하는 것과 즉각 '없어요.'란 응대를 듣는 것의 차이와 같다. 의지를 나타내는 말은 상대의 마음을 사로잡을 수 있다.

신입사원 시절 나의 사수는 "이것밖에 못해요? 학교에서 뭘 배운 거죠?"라는 말을 스스럼없이 했다. 내가 "더 신경 쓰겠습니다."라고 하면 "어디를 어떻게 신경을 쓴다는 거죠?"라며 날카롭게 말했다. 조그마한 일도 그의 신경을 건드려 어떤 말을 들을지 모른다는 생각에 더 경직되어 일했다.

어느 날 혼자 남아 야근하는데, 답답함에 설움이 복받쳤다. 일을 못하면 알려줘야지 인신공격만 하는 상사가 미웠다. 옆 팀 과장님이 외근 갔다 돌아오셔서는 그런 나를 달래주시며 "괜찮아. 그럴 수 있어. 아직 초짜잖아."라는 말씀을 하셨다. 순간 나의 마음이 풀어지고 불안한 감정이 사라졌다. 그 과장님은 쉽게 한 말이었겠지만, "안심해, 괜찮아."라는 말에 안정을 되찾고 자존감을 회복할 수 있다. 이런 말을 어린 자녀에게 한다면 안도감을 주고 보호받고 있다는 느낌을 줄 수 있다. 다른 사람에게 좋은 말을 하면 부메랑처럼 내게 돌아와 더 큰 행복감을 줄 수 있다.

책 쓰기를 시작하기 전에 우연히 알게 된 공모전에 도전하게 되었다. 자신의 '덕후' 경험에 대해 에세이 형식으로 써보라는 주제가 재미있어 보였다. 이런 도전은 처음이라 완성에 목표를 두었고 기한 내 제출한 것으로 스스로 대견했다. 입상을 하지 못했지만 나는 나의 말버릇이 생각도 바꾸었다는 것을 느낄 수 있었다. 예전 같으면 '아! 역시 실패했어. 나는 안 되나 봐.' 했을 텐데 이번에는 마음에서 '괜찮아. 이번에는 잘 안되었지만 다음엔 더 잘할 수 있을 거야. 어떤 점이 부족했는지 살펴보자.'라는 생각을 하고 있었다. 전화위복이라는 말은 괜히 있는 것이 아니다. 실패를 기회를 삼아 더 잘할 수 있는 발판을 삼으라는 사람들의 격려의 말을 흘려듣지 말자. 실패를 통해 성공의 힌트를 찾아보려는 마음을 갖는 것은 "아쉽지만 괜찮아. 나는 잘될 거야!"라는 말에서 시작할 수 있다.

'나는 나를 사랑한다. 나는 내게 필요한 것을 끌어당길 능력이 있다. 내가 하는 모든 일은 순조롭게 이루어질 것이다.'

나는 매일 아침마다 확언을 한다. 이는 건강한 자기애를 갖고 성공적인 삶을 살게 만드는 도구임을 확신한다. 긍정의 말을 계속 반복하다 보면 나의 모습을 진지하게 받아들이게 된다. 글쓰기 전에 나는 이런 말을 한다. '나는 글을 잘 쓴다. 글 쓰는 것은 큰 즐거움이다.' 이렇게 시작하면 정말 그럴 수 있다는 생각이 든다. 나의 마음을 움직일 수 있는 주문을 만들어보자.

"더워, 추워, 배고파." 나는 이런 말을 할 때마다 솔직하게 나의 상태를 말하는 것이라고 생각했다. 이런 나를 보고 남편이 "그렇게 더워? 나는 괜찮은데." 하면 울화통이 터졌다. 가만히 보니 남편은 그렇게 덥지도 춥지도 배고파하지도 않았다. 남편은 나보다 먼저 말에 힘이 있다는 것을 알았는지 모르겠다. 이제 말을 공부해보니 알았다. 내가 하는 말이 뇌에 지령을 전해 일상과 삶에 영향을 미친다는 것을. 가만히 보니 남편은 혼자서 "아, 좋다! 오늘 너무 좋았다! 진짜 잘될 것 같은데!"라는 말을 중얼거린다. 피곤할 때 나는 "아! 피곤해. 힘들어."라고 말하는데 남편은 "오늘 정말 수고했다. 고생했다."라는 표현을 잘한다. 이런 격려의 말은 활력을 주고 따뜻한 느낌을 갖게 한다. 나를 위로하는 말은 별게 아니다.

당장 느끼고 있는 내 감정을 보듬어줄 수 있는 말을 찾아서 중얼거리는 것만으로도 도움이 된다. 말 한마디가 내 몸과 마음에 영향을 미친다고 생각을 하면 힘든 순간에 나를 어떻게 대해야 할지 어떤 말을 해줄지 신중해진다. 위로는 다른 이만이 해줄 수 있는 것은 아니다. 지금 당장 나를 달래고 격려할 수 있는 말을 생각해보자.

일요일 저녁 자려고 누웠는데 기분이 찜찜했다. 아이들 아빠가 오는 주말엔 바다에 가서 파도 소리도 듣고 노을도 보고 밖에서 고기도 구워 먹으려던 계획을 가지고 있었다. 하루 종일 원고 마무리에 마음이 붕 떠서 다른 것은 생각지 못했다. 가만히 잠든 아들의 손가락을 만지작만지작하다가 "감사하다." 혼잣말을 했다. 아들이 아프지 않고 잘 자는 것도, 포근한 이불도 따뜻한 집도 감사하다는 말을 반복하니 정말 감사하게 느껴졌다. 거창한 말은 필요하지 않은 것 같다. 긍정의 말은 하나라도 자꾸 하다 보면 달라지는 기분을 느낄 수 있을 것이다. 그렇게 셀프코칭하다 보면 모든 일이 잘 풀리고 웃게 되는 날이 더 많아질 것이다. 정말 그렇게 될 것이다.

6

아주 단순하게
행복해지는 팁

지금 이 글을 쓰는 계절은 겨울이다. 작은 아이는 자고 일어나면 매일 크리스마스가 몇 밤 남았는지 묻는다. 산타 할아버지가 '레고 어벤저스 연합전투'를 선물로 주실 날을 기다리고 있기 때문이다. 나는 그런 아이를 보며 흐뭇하면서 한편으로 어서 인터넷 주문을 해야겠다는 생각한다. 나는 사계절 중 연말 12월 이맘때를 참 좋아한다. 기온은 낮아 날은 차가워도 하얀 눈에 예쁜 조명장식들을 바라보면 마음이 따뜻해지는 것 같아서이다.

아주 단순하게 행복해지는 팁을 알려주지 않고 웬 계절 타령인가 싶을지 모르겠다. 지금 내가 말하는 소소한 겨울이야기를 읽으며 흐뭇한 느낌이 들지 않는가? 이런 계절의 변화를 느끼고 표현하는 일은 마음에 생기를 불어넣어주는 일이다. 계절마다 특유의 풍경이 있고, 색이 있고, 냄새가 있다. 그때마다 누릴 수 있는 즐거움과 낭만이 있다. 그런 계절을 의식적으로 느끼려는 노력으로 쉽게 행복해질 수 있다. 사계절이 뚜렷한 나라에 사는 것은 아주 특별한 선물이라는 것을 대학 때 중국에서 연수하던 시절 처음 깨달았다. 지금과 같은 겨울 첫눈이 내리는 날이었다. 함박눈도 아니고 싸라기눈이라 그리 예쁘지도 않았고 내리자마자 녹고 있었다. 인도네시아에서 온 친구들이 수업도 들어오지 않고 전부 밖에서 눈 구경을 하며 놀고 있었다. 모두 스무 살을 넘긴 성인의 나이었다. 나는 그렇게 해맑게 눈을 구경하는 그들이 신기했다.

"너희 눈 처음 봐?" 물었더니,
"응! 태어나서 눈 처음 봐!" 하는 대답이 돌아왔다.

잠깐 멍했던 기억이 난다. 여름밖에 없는 나라에서 나고 자라 영화에서나 보던 눈을 처음 보는 이들에게 하얗고 보송한 눈이 오죽 신기했으랴. 마음을 움직여 일상 속에서 자연을 느껴보면 좋겠다. 처음 눈을 보는 사람과 같은 마음일 수야 없겠지만 계절을 알아차리려는 노력을 하다 보면 더 자주 행복감을 느낄 수 있다. 행복은 일상의 틈새에 숨어 있다는 말도 있지 않은가?

보통 사람들에게 취미를 가지고 있는지 물으면 많이 당황한다. 요즘 젊은 친구들은 동호회 같은 소모임을 통해 자신의 색깔에 맞는 활동을 찾아 하는 경우가 꽤 생긴 것 같다. 그래도 아직까지 많은 사람들이 취미를 어쩐지 거창하게 받아들이는 것 같다. 자신이 하면서 마음이 즐거우면 그게 취미라고 할 수 있다. 일하다 쉬는 시간에 하는 단순 휴대폰 게임도 좋고, 코인 노래방에서 노래 부르기, 넷플릭스 영화나 드라마 몰아보기 등과 같은 특별할 것 없는 활동도 마음이 편안해 지고 시간 가는 줄 모르게 즐겁다면 훌륭한 취미라 할 수 있다.

산책이나 등산같이 신체적인 활동이 취미라면 건강도 돌볼 수 있고 땀을 흘리면서 신진대사가 활발해져 숙면에도 도움을 주어 좋다. 단순하게 행복해지려면 이런 활동을 좀 더 근사하게 해보면 어떨까? 일종의 덕후 활동처럼 몰입해서 할 수 있는 기회를 만들어보자. 노래를 연습해서 아마추어 노래대회에 나가보아도 좋고 유튜브에 커버곡을 올려보는 것도 좋다. 게임을 좋아하는 사람들과 함께 하는 모임을 만들어보는 것도 신선하다. 영화나 드라마 코스튬을 사서 입어보거나 인증샷을 올리는 것도 즐거운 경험이 된다. 걷기를 좋아하는 사람은 둘레길 코스를 걸으며 도장 깨기를 하는데 언젠가 나도 꼭 한번 해보고 싶다. 이런 활동은 성취감을 주고 삶의 활력을 준다. 나의 즐거움을 위해 할 수 있는 취미 활동을 찾아보자.

『집에서도 행복할 것』을 쓴 그레첸 루빈은 집에서 할 수 있는 '행복 찾기 프로젝트'의 첫 번째 과제로 정리를 한다. 정리라고 특별할 것 없이 주로 묵혀놓았던 짐을 덜어내고 자신에게 필요하고 중요한 것을 놓을 자리를 마련하는 것이다. 그리고는 자신만의 성지를 만들기로 하는데, 열정과 관심을 가지고 있는 물건을 소중히 간직하는 구역을 '성지'라고 이름 붙였다. 그녀는 가족용 성지에 가족사진을 새로 진열하고, 돌아가신 할머니의 그릇을 놓기도 한다. 사무실을 깔끔하게 정리한 후 자연을 담은 액자를 걸까 하다가 활짝 핀 꽃에 벌 한 마리가 앉는 벽화를 그리기도 한다. 아동문학을 좋아하는 자신의 취향을 받아들인다는 의미로 아동용서적 성지를 마련하기도 한다.

이외에도 다양한 추억과 취향을 간직할 만한 공간을 마련하는 그녀의 아이디어를 훔쳐보는 재미가 있다. 이 부분을 읽고 나도 내 작업 공간을 따로 마련했다. 매번 주방 식탁에서 작업을 하다, 소파를 작은 사이즈로 바꾸고 가구를 옮겨 거실 한 쪽에 책상을 놓았다. 들여놓은 책상 한 쪽엔 향초와 우드전자 시계, 디퓨저를 놓고 몬스테라 화분도 큰마음을 먹고 샀다. 은은한 조명이 비추는 공간에 좋은 글귀도 적어놓으니 매일 긍정적인 말을 읽으며 작업을 시작할 수 있게 되었다. 나만의 책상이 생기니 더 쉽게, 자주 작업에 몰두하며 즐겁게 일하고 있다. 이런 노력은 나의 삶을 더 소중하게 느끼게 하고 행복감을 높여주는 것 같다.

가게를 나올 때나 버스정거장에서 만난 사람들에게 친절한 표정을 짓고 인사를 한다. 길 가는 사람과 눈인사를 하는 것은 우리나라 문화는 아니지만, 일단 해보면 마음이 따뜻해진다. 인사성 밝은 예의 있는 아이로 키우려면 모범을 보여야 한다는 말을 듣고 시작했지만 "안녕히 계세요!" 인사를 하면 친절을 베푸는 기분이 든다. 인스타를 하며 이웃의 피드에 '멋지다. 대단하다.' 격려의 댓글을 다는 것이 진심에서 우러나는 일일 때면 기분이 좋아진다. 친한 친구에게 안부를 자주 물으면 행복감이 높아진다는 글을 읽고는 평소 친해지고 싶은 인스타 인친님들에게 DM을 보냈다. 내 소개를 하고 친하게 지내고 싶다는 글을 남겼더니 모두 답장을 주셨고 몇몇은 실제로 만나 친분을 유지하는 친구가 되었다. 나는 내성적인 성격이라 이런 시도를 하면서도 걱정을 많이 했다. '상대를 불편하게 하지는 않을까? 답장을 받지 못하면 상처받는 것 아닌가?' 하지만 내가 어쩔 수 있는 것은 내 마음뿐이라는 사실을 기억하고 받아들이려고 노력하니 그렇게 어렵지 않았다. 단순히 예의 바르게 행동하고 친절을 베푸는 것만으로도 행복해지는 느낌을 갖게 된다.

아이들과 요즘 유행이라는 '줍깅'을 해보았다. 산이나 해변, 공원을 산책하면서 쓰레기를 줍는 활동을 말한다. SNS에 인증샷을 올리니 인친들의 칭찬이 쏟아졌다. 별것 아닌 일로 칭찬도 받고 아이들과 환경을 이야기하는 건설적인 시간을 가질 수 있었다. 주변을 돌아보고 함께 잘 지내려는 노력은 사소하지만 가치가 있다. 이런 즐거움은 우리에게 아주 유익하다. 단순하게 행복해지는 방법은 다른 사람과 행복한 관계를 유지하면서 쉽게 찾을 수 있다.

올해는 책을 많이 읽기로 결심하고 개인적으로 100권 읽기 프로젝트를 진행 중이다. 남편은 작년엔 마라톤 메달을 모으더니 요즘은 서울 둘레길을 코스를 걷고 있다. 그 밖에 SNS에는 바디프로필 찍기 프로젝트, 책 쓰기 프로젝트, 블랙야크 100대 명산 등반 등 많은 재미난 프로젝트들을 하는 것을 볼 수 있다. 가만히 휴대폰으로 매일 사람들이 하고자 하는 일을 조금씩 시도하고 성취해나가는 모습을 보면서 덩달아 자극을 받는다. 속옷을 입고 바디프로필을 찍는 사람들의 마음까지 다 이해하긴 어렵지만, 자신만의 방법으로 삶을 흥미롭게 만드는 노력에 박수쳐주고 싶다. 각자가 갈망하는 하고자 하는 일은 분명히 있다. 나는 바디프로필을 찍고 싶지는 않지만 블랙야크 100대 명산은 가보고 싶다. 책 쓰기는 하고 싶지만 문학작품을 쓰고 싶은 생각은 아직 없다.

딱 떠오르는 순간 새로운 결심으로 삼고 실행하지 않으면 놓쳐버리기 쉽다. '내가 왜 이 일에 마음이 끌릴까? 나의 열정이 이끄는 일은 어떤 것일까?' 주의를 집중하고 세심하게 살피다 보면 자신만의 행복프로젝트를 만들어갈 수 있는 방법은 나온다. 호기심이 생기는 주제가 있지만 당장 행동으로 옮겨지지 않는다면 특별히 관심이 크지 않은 일일 수 있다. 모든 일을 다 할 필요도 없고 다 할 수도 없다. 다만, 나에게 맞는 목표를 추구할 때 쉽게 행복감을 느낄 수 있다.

작년 이맘때 '즐길 만한 컵을 샀다'는 제목으로 블로그 글을 썼다. 가방에도 명품이 있듯 그릇도 그런 것이 있다는 사실을 안 지가 얼마 안 된다. 그릇장을 따로 두고 고이고이 대대손손 전하고 싶은 기품 있는 그릇을 모으는 재미를 알지는 못하지만 좋은(비싼) 컵은 한번 사보고 싶었다. 지금 내 앞에 그때 산 미색 도자기 컵이 있다. 컵의 바닥에는 어디 제품인지 알 수 있는 심플한 표기가 있다. 이 컵을 사고 한동안 행복했다. 나를 위한 소비여서 그랬고, 따뜻한 차를 마실 때마다 대접받는 느낌이 들어 마음에 든다. 이런 근사한 소비는 금방 마음을 행복하게 만들어준다. 가까운 명상 요가원에서 하는 아로마 테라피 강좌를 들을 기회가 있었다. 마음이 힘든 날이었는데, 타로카드로 마음도 위로해주고 나에게 맞는 향이 따로 있다는 것을 알려주었다. 그날 사온 '로즈제라늄 아로마 향'을 맡을 때마다 나는 행복한 느낌을 갖는다.

사실 아주 단순하게 행복해지는 팁은 내가 줄 수 있는 것이 아니다. 스스로가 해보면서 자신에게 맞는 것을 찾아보려는 노력이 필요하다. 정말 관심이 있는 것이라면 재지 말고 그냥 해보라, 별로 웃기지 않으면 웃을 필요는 없지만 재미난 일이 있다면 실컷 웃어보라. 노래를 좋아하지 않더라고 흥이 나는 음악에 신나게 춤을 춰보라. 자신을 위해 진실하게 사는 사람들에게 행복은 더 자주 찾아온다.

7

행복의 뿌리는
나에게서 자란다

우연히 책장을 정리하다 캘리그라피 강의에서 따라 쓴 인생 문구를 발견했다. 도톰한 종이에 보라색 수국 사이를 살랑살랑 날아가는 나비 그림 옆에는 이런 문장이 쓰여 있다.

'인생은 흘러가는 것이 아니라 채우고 또 비우는 과정의 연속이다.'

인생은 채우고 비우는 과정의 연속이라는 말에 희망이 느껴지는 것 같다. 행복의 거창한 의미를 찾아보려고도 했지만 나는 저런 인생의 명언을 남길 만한 지혜도 내공도 아직 없다. 지금까지 그랬듯 나다운 내가 할 수 있는 이야기를 하기로 마음을 비웠다.

동화 『파랑새』에서 어린 남매는 파랑새를 찾아 먼 길을 떠나 여행을 하지만 결국 집에 돌아와 집안 새장에서 파랑새를 발견한다. 흔히 행복에 대해 이야기하는 책에서 행복을 이 파랑새에 비유한다. 나는 이 책을 쓰기 시작할 때쯤 친해진 친구와의 대화 속에서 각자 저마다의 파랑새가 있다는 사실을 깨달을 수 있었다.

우리는 내가 아주 단순하게 행복해지는 팁에서 제안했던 '모르는 사람에게 편지쓰기'를 통해서 친해졌다. 비슷한 점이 너무 많았던 그녀에게 나는 용기를 내 인스타 DM을 보냈다. 우린 요가강사과정을 듣고 있는 것도, 읽는 책도, 일어나는 시간까지도 비슷했다. 성격도 외모도 어쩐지 좀 닮은 우리는 아이가 둘인 것도 다정한 남편을 둔 것도 같았다. 사는 곳은 멀어도 그녀가 제주로 여행 와서 만났고 내가 직접 그녀가 사는 집까지 가서 잠도 잘 만큼 친해졌다.

"나 사업을 시작했어. 밀키트 무인매장을 해보려고."

사부작사부작 뭔가를 준비한다는 건 알았지만 매장을 내서 곧 오픈한다니 놀라웠다. 우리가 처음 만나 미래 비전을 나눴을 때만 해도 우리가 많이 비슷하다 느꼈는데 또 다르구나 생각했다. 나는 '밀키트'라는 것조

차 그녀 덕에 알았고 판매 쪽으론 영 재주가 없다.

"나는 곧 책을 쓰려고 방법을 찾는 중이야."

내 말에 그녀도 조금 놀란 것 같았다. 내가 글 쓰는 것을 좋아한다고 말한 적은 있지만 책을 쓸 정도로 하고 싶어 하는지는 몰랐으리라. 우리가 아무리 비슷한 성향을 지녔어도 각자 하고 싶은 일은 달랐다. 정말 모두에겐 행복해질 수 있는 능력이 있으며, 그 방법은 각자가 다를 수 있구나 하는 생각이 들었다.

우리는 그 후로 주 2회 새벽에 영상통화로 근황을 나누기도 하고, 좋은 글귀를 읽으며 독려하는 시간을 갖고 있다. 오늘 아침 그녀가 고민을 토로했다. 성공적으로 매장을 운영하게 되니 따라 하는 사람이 많아져서 힘이 빠진다고. 얼마 전에는 불과 1km 근방에 같은 매장이 오픈했다고 한다. 본사에 항의했지만 상황이 바뀌지는 않을 테니 어찌하면 좋겠는지 물었다.

나는 오픈 전 그녀가 해준 이야기가 생각났다. 새로운 일을 해보고 싶어서 리스크가 적은 프랜차이즈로 시작하지만 최종적으로 자기 사업을 해보고 싶다고 했다. 2년 정도 경험을 쌓고 나중에는 컨설팅 사업이나 부동산 사업을 해보고 싶다고 했던 말이 기억났다.

"친구야, 지금까지 열정을 받쳐 잘 운영을 했고 좋은 성과로 이어졌으니 사람들이 따라 하는 거겠지? 이제 사업에 어느 정도 적응하고 안정권에 접어들었다면 다음 그림을 그려보면 어때? 본사에서 점주들 모아놓고 교육할 때 강사로 불러달라고 해봐. 나중에 컨설팅 사업에 도움이 되는 경력이 될 거야. 부동산 알아보는 것도 잘하니 좋은 자리를 찾아 2호점을 오픈하면 수입이 두 배가 되겠지? 지금해온 노하우로 한다면 더 금방 자리를 잡을 수도 있고. 네가 그동안 쌓은 노하우는 어디 가는 것이 아니니까 그걸 활용할 수 있는 길을 찾아보면 방법이 있을 거야."

당장 근처에 비슷한 매장이 생기면 수입이 줄어들 것을 걱정하던 친구도 다른 방법을 연구해보면 재미있을 것 같다며 한결 밝아진 목소리로 전화를 끊었다.

행복하기 위해서 꼭 돈을 많이 벌어야 하는 것은 아니다. 성공이 벌어들이는 수입에만 초점을 맞춘다면 삶은 오히려 피폐해진다. 자신을 행복하게 하는 요소가 무엇인지에 대해 확실한 기준을 갖는 것은 중요하다. 사실 예전에 나는 돈이 없어 불행하다는 생각을 자주 했다.

제주도에 막 내려왔을 때 내가 다니던 교회 집사님들의 자녀들이 거의 국제학교를 다니고 있었다. 제주에 이주했다는 말을 듣고 서울 친구들은 종종 "애들 국제학교 보내려고 내려갔어?" 물었다. '내가 능력이 부족해 아이들을 국제학교에 보내지 못하는구나.' 하고 속이 상했다. 하지만 이런 비교는 행복을 빼앗아갈 뿐 아니라 현재 나에게 아무런 도움이 되지 않는다. 국제학교를 보내면 아이들에게 좋은 경험이 되어줄 수도 있지만 그게 꼭 정답은 아니다. 평균 이상의 수입을 올리면 더 행복할 것 같지만 일상의 스트레스가 더 많고 여가 활동에 쓸 시간이 부족한 경우가 많다.

외제차를 3대나 가지고 명품 백을 바꿔 들던 교회 집사님 얼굴이 볼 때마다 어두웠다. 무슨 일 있는지 물으면 직원이 말썽이란 말을 자주했다. 큰 리조트를 운영하니 많은 직원들을 통솔하며 얼마나 많은 사건이 있을지 나는 짐작만 할 수 있다.

돈을 많이 벌어 펑펑 쓰면 좋다는 생각은 다분히 자본주의에 입각한 사고라는 것을 제주도에 살면서 깨달았다. 서울같이 비싼 아파트가 있는 것도 철철이 신상이 들어오는 백화점이 있는 것도 아니니 좀 더 신선한 시각으로 돈을 바라보게 된 것 같다. 절약할 때 '초기 설정'이 중요하다는 말을 한다. 자동이체, 공과금, 대출금, 자동차할부 등의 매달 고정적으로 들어가는 돈을 적게 만들어 쓸 수 있는 돈을 확인하고 체크카드로 생활하면 스트레스가 줄어든다. 돈을 조금 쓰면 적게 벌어도 된다. 돈을 안 버는 시간 동안 나를 위해 투자할 수도 있다. 재정을 착실하게 관리하면 돈 걱정이 덜어지고 행복도도 높아진다는 연구결과가 있다.

많은 행복 연구가들이 돈으로 비싼 물건을 사는 것보다 경험을 구매하라는 말을 한다. 가고 싶은 곳으로 여행을 가거나, 전시회 관람 등에 돈을 쓰는 것이 장기적으로 만족도가 높다고 한다. 나는 지난여름 단편에 세이를 써서 출간까지 해주는 책 쓰기 과정에 등록했다. 70만 원 하는 비용이 좀 부담스러웠지만 안 해본 일을 하며 성장을 꿈꾸던 그때 딱 필요한 선택이었다. 6주 동안 책의 한 챕터를 장식할 만한 글을 써내면서 감정이 요동치고 숨고 싶은 순간들이 있었다. 그러나 책 한 권이 내 앞에 놓여 있는 지금은 해냈다는 성취감과 행복감으로 충분히 만족스럽다. 경험을 해보면 성장을 맛볼 수 있고 한층 성숙해진다.

돈을 쓸 때 어디에 가치를 두고 소비할지 정하는 것은 후회를 막는다. 나는 가족과 유대감을 높이는 경험이나 확실한 추억을 만들 수 있는 경험 그리고 자아를 실현할 수 있는 경험에 돈을 쓰는 것은 망설이지 않는다. 행복하게 돈을 쓰기 위해서도 나에게 중요한 것이 무엇인지 고민은 필요하다.

자기 자신이 열정을 기울이며 헌신할 만한 것이 무엇인지 확실히 아는 것은 매우 중요하다. 당장 일할 필요도 없이 재산이 많아서 명품가방도 척척 사고 몰디브에서 모히또나 마시면 행복할 것 같다는 상상을 하기도 한다. 매일 그런 생활을 하면 공허할 뿐 더 많은 자극을 찾다 불행해지는 복권 당첨자들의 슬픈 이야기를 들어보았을 것이다.

하고 싶은 일을 하며 인정을 받고 돈도 넉넉하게 벌 수 있다면 그만한 행복이 없을 것이다. 아쉽게도 그런 기회를 누구나 누리고 살지는 못한다. 먼저 자신이 하고 싶은 일이 어떤 건지 파악하고 그 욕구에 솔직해지려는 용기가 필요하다. 나를 행복하게 해줄 수 있는 존재는 그 누구도 아닌 바로 나 자신임을 기억하자. 셀프코칭을 통해 스스로에 대해 알아가고 나의 아름다운 인생을 위해 하루하루 충실하다 보면, 행복은 늘 때가 되면 비추는 햇살처럼 거기 있을 것이다.